ARBITRATION AND LAW

仲裁与法律

第150辑

中国国际经济贸易仲裁委员会
中国国际商会仲裁研究所 主办

中国法制出版社
CHINA LEGAL PUBLISHING HOUSE

仲裁与法律
第150辑

地　　址：北京市西城区桦皮厂胡同2号国际商会大厦6层
邮政编码：100035
电　　话：(010)82217788　64646688
传　　真：(010)82217766　64643500
电子信箱：law@ cietac. org
网　　址：http://www. cietac. org

目录 Contents

实务探析

仲裁在私人财富管理领域的应用探索

季亨卡* 戴 雯** 管 欣***

摘 要：私人客户在管理其财富时面临地缘政治、市场、政策、法律、税务等诸多方面的风险。仲裁因其私密性、专业性、当事人可参与性、仲裁员的中立性与独立性、裁决的终局性、较强的域外执行性等特点，近年来成为众多私人客户在财富管理领域首选的争议解决方式。私人财富管理领域的经典争议场景包括投资协议纠纷、信托协议纠纷与信托管理的过失索赔、家族企业股权纠纷以及身份规划纠纷等。为防控有关风险，应尽早让律师介入私人财富管理并对有关法律问题进行把关，如遇纠纷，尽可能通过谈判、仲裁等多元化争议解决方式予以处理。随着私人财富行业资产管理规模与客户数量的不断增大，仲裁因其作为争议解决方式的突出优势必将在私人财富管理领域发挥更大作用。

关键词：仲裁 私人客户 私人财富 财富管理 仲裁实践

一、引言

私人财富管理以客户为中心，通过设计整体财务和法律规划方案，包括向客户提供现金、信用、保险、投资组合等一系列金融服务，将客户的资产以及负债进行管理，以满足客户不同阶段的财务需求，帮助客户达到降低风险，实现财富保值、增值和传承的目的①。私人财富的管理涉及多种类的民商事合同。

---

* 季亨卡，北京中伦律师事务所权益合伙人。

** 戴雯，北京中伦律师事务所非权益合伙人。

*** 管欣，北京中伦律师事务所实习律师。

① 头豹研究院：《2021年中国私人财富管理行业概览》。

因财富的私人属性，该等民商事合同的缔结与履行存在特殊性。因客户信息的高度敏感性，私人财富管理对隐私要求也很高。因此，仲裁作为一种高效、不公开、专业性强的纠纷解决途径，在私人财富管理领域逐渐受到青睐。

私人财富管理的产业链分为上、中、下游三部分。上游为私人客户所拥有的居民财富，中游为财富管理机构，下游为资管机构设计的标的资产。[①] 本文将从该产业链的上游，即居民财富角度出发，通过分析持有财富的私人客户需求，梳理私人客户的差异、需求与风险，阐明仲裁解决私人纠纷的优势，具体展现私人财富领域仲裁的场景与启示，从而对仲裁在私人财富领域的应用前景进行探索。

二、居民财富的分类以及私人客户的划分

本文所讨论的居民财富，主要指向三类财富：第一类是投资资产不少于人民币5000万元的超高净值客户[②]。他们往往是创富一代、上市公司的大股东、投资人等。这类客户一般拥有雄厚的家底，其主要投资为境内外的股票、股权、债券、基金、房产、信托、黄金、外汇以及金融衍生产品等，对风险投资有较强的偏好以及承受能力。第二类是投资资产不少于人民币1000万元的高净值客户。他们主要是职业经理人、法律或金融市场的专业服务人员、上市公司董事、监事以及高级管理人员等，对境内外信托、债券、基金、房产、黄金、保险等业务有较高的需求，有一定的风险投资以及风险承受能力。第三类是投资资产在人民币300万元到1000万元的富裕客户，由于其风险投资意识谨慎，投资的时候更偏向具有稳健回报的股票、股权、基金、保险、黄金、债券等。这三类客户都是本文所讨论的私人客户。[③]

三、私人客户的需求与面临的风险

私人客户会面临地缘政治、市场、政策、法律、税务等方面的风险，其财富管理的核心是在对财富进行保护和传承与防范潜在风险这两者间达到平衡。

---

① 招商银行：《2021中国私人财富报告》；头豹研究院：《2021年中国私人财富管理行业概览》。

② 注意：中国境内不同类别的金融机构对于超高净值客户的定义有所不同，一些机构将可投资资产超过3000万元人民币的私人客户也认定为超高净值客户，但目前市场更普遍的认知为可投资资产不少于5000万元人民币的私人客户为超高净值客户。

③ 可投资资产在300万元以下的中产客户以及投资资产在10万元以下的大众客户，将不在本文的讨论范畴内。

如何在波动的市场周期中保持财富体量，如何有效应对现时以及潜在的政策变化以合理控制税务以及法律风险，是私人客户在财富管理过程中的核心需求。下文将对私人客户在不同类别、阶段的财富规划中所面临的风险与需求进行详述。

（一）家族和个人财产的境内外投资

此类投资是私人客户的传统财富管理项目。投资资产主要为金融资产、不动产以及其他投资。其中，金融资产包括现金存款、银行理财、股票基金、股权、债券、外汇、黄金等，其他投资还包括动产（私人飞机、游艇等）以及珠宝、艺术品、个人收藏等。私人客户通过与相对方签署投资协议，取得标的资产相应权益，以达到财富保值、增值目的。此类投资的风险在于，相对方不能达到书面协议约定的投资预期，或投资协议的整体或部分条款因国家政策变化或存在其他法律合规性问题（例如常见的税务合规问题）而被认定为无效或客观上无法执行。私人客户在此类投资中的主要需求是确保投资协议在合规框架下签署并履行，以最终达到投资预期。

（二）家族和个人的财富传承与保护

目前，家族和个人的财富传承与保护主要通过信托和保险两种传统财富管理工具得以实现。其中，信托因其较高的财产隔离性与良好的传承效果已成为私人客户传承与保护财富的重要手段。与境外的信托规定相比，中国对于信托行业的立法和监管尚处于规范过程中，对信托设立、运营、退出等各个环节的合规性要求尚在进一步完善中。目前，中国信托业务主要分为资产服务信托、资产管理信托、公益/慈善信托三大类 25 个业务品种。①

私人财富规划领域最受欢迎的家族信托属于资产服务信托项下的子分类。由于家族信托不涉及向投资者募集资金的行为，不适用规范资产管理业务的《关于规范金融机构资产管理业务的指导意见》等监管规定，因此相较其他信托受到的监管相对宽松。然而，在设立家族信托时，实践中仍然需要明确信托目的、信托财产、信托行为、信托关系民事主体、信托设立的形式，并做好事先的资产尽职调查、评审报告，以及完成信托合同的签署、信托财产的登记备案等环节，确保家族信托的正确设立以及合法有效。

除家族信托外，保险也是财富管理中重要的传统工具。目前中国的保险种

---

① 《中国银保监会关于规范信托公司信托业务分类的通知》（银保监规〔2023〕1 号）。

类、创新性、赔付标准以及条款设计等都与境外存在较大差距，许多境外可以与信托结合的保险工具（如私募寿险等）在中国境内尚未得到认可与支持，因此，在这一领域，私人客户通常会结合自身需求，为自己以及家人大量定制境内外多种类保险。通常境外保险的条款都适用境外法律法规，这将导致当客户与境外保险机构发生理赔争议或保险机构与被保险人双方对保险条款的理解出现较大差异时处于被动地位，需要专业的争议解决律师提供协助。私人客户在购买境外保险之前，需要就可能出现的合同争议、赔付要求等与律师进行沟通，尽可能减少理赔困难。

（三）家族和个人的慈善捐赠

私人客户往往热心公益事业，有意愿通过设立慈善基金会或慈善信托等方式实现慈善捐赠的目标。慈善捐赠是私人客户财富管理和回馈社会的重要途径之一。通过慈善捐赠，私人客户在将其财富回馈社会的同时，还可以享受法定的税务优惠。慈善基金会和慈善信托的设立、管理、运营需要根据相关规定进行系统筹划，符合依法登记、备案并保证捐赠款项用于公益目的等要求。需要注意的是，在实践中，慈善捐赠的税收抵扣问题一直是慈善捐赠中的难点。举例而言，《慈善法》未对慈善信托的税收优惠作出明确规定，且信托公司不属于具有公益性捐赠税前扣除票据资格的慈善组织，这导致捐赠人委托信托公司设立慈善信托，却无法获得可抵扣所得税的捐赠票据。为解决这一难题，通常建议私人客户采用“慈善组织+信托公司”的模式使慈善信托的委托人获得捐赠票据，这需要专业人员的提前规划与慈善组织的积极配合。

（四）家族和个人的身份规划

出于获得更好的生活环境、教育资源或其他目的，部分私人客户还会为自己和家庭进行身份规划。作为一项长期系统工程，身份规划涉及投资规划、教育规划和税务筹划等繁多且复杂的领域，需要结合不同国家的法律法规、政策条件和身份规划者的实际情况进行设计。

例如，在通过投资实施身份规划的过程中，私人客户及其财富管理人需要对当地情况，包括可投资的资产类别、所需投资规模，投资所需满足的当地强制性规范等进行尽职调查，以确保所进行的投资能够满足身份规划意向地的法定条件，进而实现身份转换。

（五）家族和个人的境内外税务筹划

私人客户在进行投资活动或进行慈善捐赠、保险投资、信托设立、身份规划时，需要寻求专业人士的帮助对有关领域的税法和税收优惠政策等进行深入了解，以在合法合规的前提下合理筹划税务，最大限度地避免缴纳过高的税务成本。在实践中，税务筹划能与私人财富规划领域相结合，有效增强这些工具和架构的作用。比如，通过合适的控股架构，能够合法合规地获得更多境内外税收优惠，增加投资收益；通过设立得当的信托、慈善捐赠等，能有效降低个人应纳税所得，且同时为公益事业作出贡献；通过合理的身份规划和税务筹划，能避免私人客户面临在多个国家多重纳税的困境。

（六）家族企业的投资管理、股权结构和法人治理结构设计

私人客户在搭建家族企业投资架构时，通常重点关注两点：第一，如何实现家族企业的代际传承与发展，以避免家族企业的股权被稀释或受到外部侵犯。第二，如何实现家族和企业的隔离，以避免二者混同而使家庭财富失去保障或使家人受到牵连。例如，在传统的家族企业中，企业法人与董事成员通常由家族成员担任，并且经常出现个人与公司财产混同的情况（如将公司资产用于个人用途，利用公司资产为个人做担保等行为），一旦出现商业纠纷或合规风险，家族财富和成员将随着家族企业的倒塌而受到牵连。这要求私人客户在财富规划时，咨询专业的法律意见，利用家族办公室、信托、中间投资控股公司等架构做好家族企业资产、剥离家庭成员与被投资企业。

除了上述类别外，私人财富管理中还包括婚姻、继承等家事领域的安排和筹划，以及家族文化传承。在大多数法域，婚姻与继承涉及人身关系，相关纠纷不可仲裁。而家族文化传承属精神文化传承领域，亦不属本文讨论话题。故不作论述。

四、仲裁解决私人财富纠纷的优势

相较于诉讼，仲裁更适合解决私人财富纠纷。仲裁的优势体现在保密性强、效率高、当事人意思自治、专家断案、域外执行有保障、中立性和独立性等方面。

（一）保密性

与诉讼不同，仲裁通常是保密的。除非当事人另有约定，仲裁不公开。参与仲裁的各方人员均有义务为仲裁的程序事项以及实体争议保密。[①] 私人财富

---

① 马占军、杨玲：《仲裁保密性问题初探》，载《仲裁研究》2006年第1期。

管理的纠纷往往涉及个人和家族的境内外资产配置、税务安排、投融资安排以及其他敏感信息。如果纠纷解决程序是公开的，当事人提交的书面意见以及证据都可能被不加限制地披露给公众，这将给家族企业带来不可控的风险。仲裁可以有效保护敏感信息，尽可能减少社会关注度，降低社会负面效应。私人财富管理争议涉及上市公司而应予披露时，仲裁的保密性要求也能对披露的范围和程度进行限制，在最大范围内保护私人客户的个人敏感信息。

（二）当事人意思自治

当事人意思自治是仲裁的基石。在仲裁协议中，当事人可以约定可提交仲裁的事项、仲裁地、仲裁机构、仲裁规则、仲裁语言、开庭地等，自主设计未来可能进行的仲裁程序。仲裁中，当事人亦可就程序事项达成进一步的合意。在仲裁法和仲裁规则允许的框架下，仲裁庭通常会充分尊重当事人就仲裁程序事项达成的合意，根据当事人的一致意思表示，推进仲裁进程。

相比于诉讼，仲裁中的当事人拥有更大的自主权，能更好地把控仲裁程序的方向与进度。由于当事人深度参与了仲裁程序的设计，客户对该纠纷解决过程有更高的信赖度，更容易接受最终的纠纷解决结果，自动履行仲裁裁决。

（三）专家断案

当事人可以依据纠纷类型选择适当的仲裁员，以确保裁判者在特定领域具备专业性。这与诉讼中法院在其内部直接指定法官显著不同。

私人财富管理纠纷比一般的民商事纠纷更具专业性。信托、税务、投资等业务的法律法规众多，往往还涉及外国法律的适用。私人财富管理在近年来才发展迅速，专业化人才缺口也较大。若当事人能够有机会选定专业人士审理案件，这将有助于高质量地解决纠纷。同时，出于对个人选择的信赖，由当事人选定的专家（即仲裁员）解决纠纷，也会使当事人更加信服裁决结果，便于自动履行裁决。

此外，与法官不同，专家型的仲裁员不仅是通过法律断案，还会从其专业角度出发调和仲裁双方的对立情绪，使双方聚集事实本身，为解决纠纷找到最佳路径。以中国国际经济贸易仲裁委员会（以下简称贸仲）为例，根据其《仲裁规则》第47条“仲裁与调解相结合”的规定，仲裁员在审理案件时，基于当事人合意，其可以作为调解员调解双方纠纷。在调解中，仲裁员（调解员）将更充分地发挥其专家特质，从纠纷所涉业务特性、行业一般实践、公平原则、利弊评估等多个角度与当事人进行充分交谈，协助双方达成一个折中的调解方案。根据贸仲主编的《中国国际商事仲裁年度报告（2020—2021）》，在 2020 年，中国共有 91981 件商事仲裁案件以调解和解方式结案，调解结案率达 35%。[①]

私人客户的时间往往十分宝贵，希望纠纷解决流程更高效，尽早获得一个确定的解决方案。如果案件长期悬而未决，不仅会产生高额的时间与金钱成本，还可能会影响私人客户开展业务，造成财富进一步损失。无论是仲裁还是其中的专家型调解，都将有效帮助私人客户高效和高质量地解决纠纷。

（四）一裁终局

仲裁一裁终局。仲裁裁决书自其作出之日起生效。因此，仲裁不存在上诉程序或重审、再审程序。同时，仲裁裁决被撤销的比例很低，法定撤销事由仅限于严重程序错误。[②] 以北京市第四中级人民法院为例，在 2019 年至 2021 年结案的 2039 件案件中，裁定撤销仲裁裁决案件仅有 4 件，占比 0. 20%。[③]

（五）域外执行

《承认及执行外国仲裁裁决公约》（以下简称《纽约公约》）是仲裁裁决在域外执行的法律基础。截至 2023 年 1 月 29 日，《纽约公约》的成员国已达 172 个。中国早在 1987 年 1 月 22 日便已成为《纽约公约》的成员国。[④] 根据《纽约公约》，中国的仲裁裁决可以在其他成员国申请承认与执行，同样地，其他成员国的仲裁裁决亦可在中国申请承认与执行。根据公开信息，中国仲裁裁决已经在美国、英国、日本、德国、加拿大、新西兰、葡萄牙等国家和地区得到有

---

① 中国国际经济贸易仲裁委员会主编：《中国国际商事仲裁年度报告（2020—2021）》，法律出版社 2021 年版，第 6 页。

② 《仲裁法》第 58 条规定："当事人提出证据证明裁决有下列情形之一的，可以向仲裁委员会所在地的中级人民法院申请撤销裁决：（一）没有仲裁协议的；（二）裁决的事项不属于仲裁协议的范围或者仲裁委员会无权仲裁的；（三）仲裁庭的组成或者仲裁的程序违反法定程序的；（四）裁决所根据的证据是伪造的；（五）对方当事人隐瞒了足以影响公正裁决的证据的；（六）仲裁员在仲裁该案时有索贿受贿，徇私舞弊，枉法裁决行为的。人民法院经组成合议庭审查核实裁决有前款规定情形之一的，应当裁定撤销。人民法院认定该裁决违背社会公共利益的，应当裁定撤销。"

③ 《北京四中院召开国内商事仲裁司法审查年度报告暨典型案例新闻通报会》，载北京市第四中级人民法院网 2022 年 3 月 24 日，https：//bj4zy. bjcourt. gov. cn/article/detail/2022/03/id/6597090. shtml。

④ 联合国国际贸易法委员会网站，https：//uncitral. un. org/en/texts/arbitration/conventions/foreign_arbitral_ awards/status2。

效的承认与执行,[①] 而新加坡、英国、俄罗斯、加拿大等多个国家和地区[②]的仲裁裁决也获得了中国法院的承认与执行。

私人客户管理纠纷经常涉及在域外执行资产。如果纠纷以诉讼方式解决,为确保裁决在域外能被强制执行,当事人往往需要在域外直接提起诉讼。然而,因对域外法律不熟悉,私人客户需聘请当地法律团队代其参与诉讼程序,跨境诉讼的时间成本与金钱成本均不可控。如果将该等纠纷提交仲裁解决,通过选择对私人客户更为便利熟悉的仲裁地,所获得的仲裁裁决将根据《纽约公约》在不同法域得到有效承认和执行。这将大大降低私人客户执行域外资产的时间与金钱成本,提高纠纷解决的效率。

(六)仲裁的中立性和独立性

仲裁的中立性和独立性源于仲裁员的中立性和独立性。在仲裁实践中,仲裁员的披露制度是保证仲裁员中立性和独立性的重要举措,即仲裁员主动向仲裁庭及当事人披露可能对其中立性和独立性产生合理怀疑的相关事项。同时,各仲裁法、仲裁规则及指引还制定了关于仲裁员应予披露事项的一系列标准,以应对实践中的各类复杂情形,形成了相对完善的仲裁员披露要求。比如国际律师协会的《国际仲裁利益冲突指引》详细列明了现实生活中仲裁员与当事人之间可能存在的关系,并按照影响仲裁员中立性的程度划分各类情形,为参与仲裁的各主体提供了判断仲裁员独立性的有力参考。

仲裁员的独立性也体现在当事人具有自主选择仲裁员的权利上。特别是当私人客户国籍不同时,相较于诉讼当事人仅能接受地方法院指定的法官审理案件,仲裁给予当事人自主选择第三国仲裁员的权利,消解了私人客户对裁判者是否有地方保护倾向的怀疑,有利于确保争议得到公正解决。

---

① 《我国国际贸易仲裁得到多国承认和执行》,载中国政府网,http://www.gov.cn/banshi/2006-10/19/content_417418.htm。

② 袁萌:《我国法院承认与执行外国仲裁裁决的最新实践观察2020》,载微信公众号"大成律师事务所"2021年2月18日,https://mp.weixin.qq.com/s/4VuuksCeT2gMRcPbBkYlvg。

五、私人财富领域的经典争议解决场景[①]与启示

（一）投资协议纠纷

私人客户在开展境内外投资活动时，因投资项目未能如约进行导致预期落空的投资纠纷屡见不鲜。私人客户因未做好家庭资产与企业债务的隔离，使其家庭资产被卷入企业债务中的情况也时有发生。

案例一[②]：私人客户A是一家互联网公司的创始股东，但其股权占比很小，并非公司的实际控制人，且多年来并没有实际参与过公司的经营与决策。A早年因融资需求，还曾与投资人签署了包含对赌条款的投资协议。A在离开公司时，选择保留股东身份，并在离职时与其他股东签署了一致行动协议，亦未退出有关投资协议。后由于市场环境以及经营问题，公司未能如期完成对投资人的上市、业绩承诺及/或其他承诺。投资人依据投资协议中的仲裁条款，向公司以及包括A在内的创始股东提起仲裁，要求其回购投资人持有的公司股权。在启动仲裁的同时，投资人还申请了财产保全，冻结了A的银行账户及其名下的不动产。A的家庭因此遭遇了资金使用困难，也无法处置共同居住的房产。经审理，仲裁庭最终裁决公司与A等创始股东连带向投资人支付股权回购价款。A的资产也在裁决执行过程中被法院强制执行。

启示：该案中，A因在离职时签署了一致行动协议，另受到投资协议的约束，即使早就离开公司，不参与公司的实际运营，仍然面临巨额的回购款支付义务。因此，私人客户应当在签署任何协议前，咨询专业律师的意见，把握和降低后续可能出现的争议风险，在其参股的公司中尽可能做好个人资产与公司资产之间的隔离防火墙。举例而言，私人客户在公司持股时，为了尽可能降低投资风险，可考虑在境内外设计多层法律架构，通过专门设立的投资公司对目标公司进行持股或者通过信托来投资和持有标的公司，将个人资产与企业资产做好划分。由此，当目标公司陷入债务纠纷或股权纠纷时，私人客户的持股公司或信托公司将作为目标公司的股东承担相应责任，而私人客户及其家庭资产得以被保护。

---

① 鉴于仲裁的保密性以及私人客户对隐私的注重，虽然实践中仲裁作为争议解决方式在私人客户端已经有了初步的广泛使用，但是公开的仲裁案例有限，因此部分案例涵盖了诉讼案例。

② 此处的案例隐去当事人的具体名称，仅以字母代替。之后的案例亦作类似处理。

（二）信托协议纠纷与信托管理的过失索赔

案例二：2017年初，商业银行B与信托公司C签订了《信托合同》，认购一主动管理型信托计划的份额。该信托计划的投资标的为通过某定向资产管理计划间接认购上市公司定向增发股票，上市公司实际控制人承诺对信托计划承担“差额补足义务”。由于企业经营不善，上市公司负面消息的爆出导致在2018年相关定增股票解禁前后，该信托计划在减持股票时，商业银行B遭受了大额投资亏损。因此，B主张，信托公司C在信托计划的设立、推介、管理等方面未能勤勉尽责，不符合谨慎、有效管理信托计划的要求，应当赔偿其投资损失。法院经审理认为，信托公司C在信托计划设立前未能准确揭示产品风险，在信托财产变现处置过程中未能做到诚实、信用、谨慎、有效，未能勤勉尽责地处理信托事务，致使商业银行B遭受了损失。考虑到股票市场固有风险，法院最终判决信托公司C应向商业银行B赔偿3000万元的信托资金损失。

启示：虽然受托人有义务在信托管理过程中勤勉尽责、谨慎小心地为受益人的最大利益处理信托事务。但在实践中，鉴于绝大多数信托的维持和运营周期较长，同时还涉及多方参与主体（如委托人、监察人/保护人、信托公司、托管银行等），容易出现各类纠纷。常见的纠纷包括：因委托人保留过多权利、对信托投资过分干预导致信托被击穿，被债务人追索的纠纷；因信托受益人较多，信托合同约定不清而无法平衡受益人之间利益的纠纷；信托公司作为受托人违反信义义务而出现委托人或受益人与信托公司之间的纠纷等。因此不管是在签订信托文件之前，还是在出现纠纷之后，都需要专业的私人律师对受托人管理信托过程中可能出现的法律风险进行及时排查，确保其完整地履行受托义务。

（三）家族企业股权纠纷

在家族企业中，因离婚、家庭成员的不和而导致的家族企业分割进而影响到家族财富传承的例子屡见不鲜。非常典型的情况如高净值客户将自己拥有的家族企业股权由其配偶或家人代持，一旦发生婚变、家人离世等意外情况，该股权代持的认定将存在不确定性，从而引发纠纷。

案例三：某互联网创始人D创办的企业先于其竞争对手向境外证监会提交了IPO申请，并在上市前办理完离婚手续；不过，当时的离婚财产分割并未涉及该公司股权的分配，这为后来上市危机埋下了伏笔。在提交申请次日，D前妻向法院起诉，要求重新分割婚姻关系存续期间的财产，包括公司的股权，并冻结包括此公司绝大多数股权和公司名下多家公司股权，因为该财产纠纷，该公司的上市步伐被迫暂停，最终导致登陆资本市场的时间晚于竞争对手，错失了市场良机。虽然该公司最终实现上市，但其上市时点因创始人未做好婚内财产的分配而受到严重影响，不久后被抢先成功上市的竞争对手并购。

启示：这一案例给后续的投资界带来巨大影响。此后投资人在进行投资时，往往会调查被投公司的创始人团队的婚姻状况，并且要求创始人股东签下类似“股东婚姻情况变动必须经过董事会批准方可进行”等条款。在家族企业中，离婚等身份的变化，稍有不慎，便会造成非常严重的后果，因此对于家族企业中的成员，尤其是家族企业的领导者，其应当时刻注意婚变等可能引发财产风险的意外情况。此外，由于D选择了公开诉讼而非通过仲裁解决，所以才给予了媒体和社会广泛关注的机会。因此，在处理家事、婚姻等身份与财产关系时，不仅需要专业的法律人士为其保驾护航，还需要考虑争议解决的方式，尽可能选择仲裁而非诉讼，保证家族隐私不外露。

（四）身份规划纠纷

案例四：私人客户E希望通过在某欧洲国家购置房产来完成身份规划，并与中介签订了投资身份规划咨询服务合同，约定由该中介提供服务（包括向E提供该欧洲国家境内的房产信息以及相关法律咨询服务，协助其购置房产）。E在购买前发现，中介推荐的房产与实际房产不符，且中介要求不经过当地律师进行购房资格确认而直接交付订金的行为违反当地法律法规。E因此根据投资身份规划咨询服务合同中的仲裁条款，对中介提起仲裁，要求解除合同，并要求中介返还其已经支付的咨询服务费。

仲裁中，中介主张，投资身份规划咨询服务合同中明确约定“合同签订后，甲方（即E）以任何理由单方中止或解除合同，已付给乙方的咨询服务费均不予退还”。仲裁庭经审理最终认定，投资身份规划咨询服务合同为中介提供的格式合同，前述条款不合理地免除了因中介违约而导致合同解除情况下，中介应退还E咨询服务费的义务。E的仲裁请求最终得到了支持。

启示：身份规划是一项系统工程。因对身份规划流程不熟悉以及信息不对称，私人客户往往委托中介提供协助，包括进行相应规划，办理有关手续，基于中介的推荐在意向国家进行各项投资等。然而，身份规划中介的资质参差不齐，近年来不同国家的相关政策更是不断变化。因中介未能如约提供适当服务，使私人客户权益受损的事件屡屡发生。因此，在整个身份规划过程中，都需要值得信赖的私人律师对任何签订的跨境合同进行仔细的审阅以及把关，避免被不专业的中介机构利用遭受损失。

六、结语

随着中国经济的发展，私人财富管理领域的法律服务需求会越来越大。根据《中国私人银行发展报告（2022）暨私人银行数字化转型专题研究》，仅中国大陆2021年中资私人银行的资产管理规模已经达到19.59万亿元，同比增长12.94%；私人银行客户数从2020年的125.60万人增至2021年的143.03万人，增长率达13.54%；2017年至2021年间，行业资产管理规模与客户数量的年复合增长率分别达12.81%与14.09%，发展态势迅猛。①

在庞大的资产规模下，私人财富管理领域的各类商事交易高度活跃，随之必将存在大量不同类型的商事合同以及潜在纠纷。在该等商事交易中，如果约定以仲裁作为争议解决的方式，那么双方不仅拥有商定仲裁程序性事项的自主选择权，更重要的是，仲裁满足了私人客户在保密性、效率、专业性、执行的便利程度等方面的需求。近年来，私人客户选择通过仲裁解决争议的情况已屡见不鲜。可以预见，在未来，仲裁必将在私人财富管理领域发挥更大作用。

（责任编委：许天舒②）

---

① 《〈中国私人银行发展报告（2022）暨私人银行数字化转型专题研究〉发布》，载清华大学五道口金融学院网2022年12月19日，https：//www.pbcsf.tsinghua.edu.cn/info/1154/6336.htm。

② 中国国际经济贸易仲裁委员会仲裁研究所职员。

商事仲裁中裁决核阅制度的比较与发展

关逸文*

摘 要：2018 年 12 月 31 日，中共中央办公厅、国务院办公厅印发的《关于完善仲裁制度提高仲裁公信力的若干意见》，明确提出要确保仲裁裁决质量、建立仲裁委员会对仲裁裁决的核阅制度。在全国仲裁机构落实中央提出的“完善仲裁制度，提高仲裁公信力”的要求之际，本文通过介绍国内外领先仲裁机构的成熟实践，为全国仲裁机构完善仲裁规则、强化内部治理提供借鉴。本文从裁决核阅的历史及广泛应用、裁决核阅的流程、裁决核阅的重点、裁决核阅制度的重要性及优势，以及对国内仲裁机构的建议五个方面为国内仲裁机构完善裁决核阅制度提供参考。

关键词：裁决核阅　核阅制度　仲裁机构　裁决执行　仲裁制度

一、裁决核阅制度的历史及广泛应用

国际商会仲裁院于创设时并未在其 1922 版规则中提及裁决核阅制度，仅规定了“一份仲裁员决定的副本应交由国际商会。在满足有关费用的条件下，当事人会收到认证的裁决副本”。① 在 1923 版解释评论②中对于 1922 版规则中上

---

* 关逸文，远大医药集团有限公司海外业务律师。

① 1922 ICC Arbitration Rules, Article XIV/XXXV (b) (a copy of the arbitrators' decision should be sent to the ICC and that parties would receive a certified copy of the decision once the requirements relating to fees and charges had been complied with).

② 1923 Explanatory Commentary on Article XIV/XXXV (It is understood that before signing the award, the arbitrators must submit the draft of their award to the Court of Arbitration for the examination of the Court from the point of view of form. No award can be pronounced without having been submitted to the approval of the Court of Application).

述条款有如下的评论："在仲裁员签署裁决之前，须将裁决草案交由仲裁院进行形式审查。裁决书在仲裁院核准前不得发出。"[①] 该评论随后被正式纳入1927版规则。1927版规则中规定："在仲裁员完成裁决撰写后，应将裁决副本交由仲裁院进行形式审查，仅有在仲裁院批准其形式时，才可发出裁决。"[②]

在1933版规则中，国际商会仲裁院将核阅范围从对裁决的形式审查延伸到了裁决的实体部分，[③] 规则增加了"国际商会仲裁院在不影响仲裁员作出独立性判断的情况下，可以就案件实体有关的问题提请仲裁员注意"的条文。1933版规则成为国际商会仲裁院裁决核阅制度的基石，允许仲裁院对实体和形式问题进行审查。随后国际商会仲裁院又颁布了1955版[④]、1975版[⑤]、1988版[⑥]、1998版[⑦]、2012版[⑧]、

---

① Mikaël Schinazi, The Three Ages of International Commercial Arbitration and the Development of the ICC Arbitration System, ICC Dispute Resolution Bulletin 2020 Issue 2 (19 November, 2023), https://library.iccwbo.org/content/dr/ARTICLES/ART_00698.htm? l1=Bulletins&l2=ICC+Dispute+Resolution+Bulletin+2020+No.+2.

② 1927 ICC Arbitration Rules, Article 21 (Before completing the award, the arbitrators or arbitrator shall submit the same to the Court of Arbitration for examination as to its form. No award shall under any circumstances be issued until approved as to its form by the Court of Arbitration).

③ 1933 ICC Arbitration Rules, Article 22 (Before completing the award, the arbitrators or arbitrator shall submit the same to the Court of Arbitration which may lay down modifications as to its form. The Court of Arbitration is not precluded from calling the attention of the arbitrators or arbitrator even to points connected with the merits of the case, but with due regard to their liberty of decision. No award shall under any circumstances be rendered until approved as to its form by the Court of Arbitration).

④ 1955 ICC Arbitration Rules, Article 26 (Before completing the award, the arbitrator shall submit the same to the Court of Arbitration. The Court may lay down modifications as to its form and, if need be, draw the arbitrator's attention even to points connected with the merits of the case, but with due regard to the arbitrator's liberty of decision. No award shall under any circumstances be issued until approved as to its form by the Court of Arbitration).

⑤ 1975 ICC Arbitration Rules, Article 21 (Before signing an award, whether partial or definitive, the arbitrator shall submit it in draft form to the Court. The Court may lay down modifications as to the form of the award and, without affecting the arbitrator's liberty of decision, may also draw his attention to points of substance. No award shall be signed until it has been approved by the Court of as to its form).

⑥ 1988 ICC Arbitration Rules, Article 21 (Before signing an award, whether partial or definitive, the arbitrator shall submit it in draft form to the International Court of Arbitration. The Court may lay down modifications as to the form of the award and, without affecting the arbitrator's liberty of decision, may also draw his attention to points of substance. No award shall be signed until it has been approved by the Court as to its form).

⑦ 1998 ICC Arbitration Rules, Article 27 (Before signing any award, the arbitral tribunal shall submit it in draft form to the Court. The Court may lay down modifications as to the form of the award and, without affecting the arbitral tribunal's liberty of decisions, may also draw its attention to points of substance. No award shall be rendered by the arbitral tribunal until it has been approved by the Court as to its form).

⑧ 2012 ICC Arbitration Rules, Article 33 (Before signing any award, the arbitral tribunal shall submit it in draft form to the Court. The Court may lay down modifications as to the form of the award and, without affecting the arbitral tribunal's liberty of decision, may also draw its attention to points of substance. No award shall be rendered by the arbitral tribunal until it has been approved by the Court as to its form).

2017 版[①]、2021 版[②]规则，但这些规则均未对 1933 版规则进行实质性的修改。

随着国际仲裁的不断发展，裁决核阅制度被越来越多的国际仲裁机构所接受并吸纳。新加坡国际仲裁中心（以下简称新仲）受到国际商会仲裁院的影响[③]，在 2007 年修订仲裁规则时将裁决核阅制度纳入其中。其规定："仲裁庭在发出任何裁决之前，需将裁决草案交由主簿。除非主簿准许延期或当事人另有约定，仲裁庭应在审理程序终结之日起 45 日内向主簿提交裁决草案。主簿可就裁决形式提出修改建议，并在不影响仲裁庭自主裁决的情况下，也就实体问题向仲裁庭提出建议。非经主簿核准裁决书形式，裁决书不得被发出。"[④] 可以看出，新仲仲裁规则就裁决核阅的相关条文受到国际商会仲裁院仲裁规则的影响，其内容非常相似。新仲随后颁布了 2010 版[⑤]、2013[⑥] 版和 2016 版[⑦]仲裁规则，后续规则虽对 2007 版规则有些许修改，但均未实质性改变原文的含义，只

---

① 2017 版规则与 2012 版规则相同（裁决核阅部分）。

② 2021 版规则与 2017 版规则相同（裁决核阅部分）。

③ John Choong, Mark Mangan & Nicholas Lingard, A Guide to the SIAC Arbitration Rules, Oxford University Press, 2nd edition, 2018, p. 261.

④ SIAC Rules 2007, Rule 27. 1 (Before issuing any award, the Tribunal shall submit it in draft form to the Registrar. Unless the Registrar extends time or the parties agree otherwise, the Tribunal shall submit the draft award to the Registrar within 45 days from the date on which the Tribunal declares the proceedings closed. The Registrar may suggest modifications as to the form of the award and, without affecting the Tribunal's liberty of decision, may also draw its attention to points of substance. No award shall be issued by the Tribunal until it has been approved by the Registrar as to its form).

⑤ SIAC Rules 2010, Rule 28. 2 (Before issuing any award, the Tribunal shall submit it in draft form to the Registrar. Unless the Registrar extends time or the parties agree otherwise, the Tribunal shall submit the draft award to the Registrar within 45 days from the date on which the Tribunal declares the proceedings closed. The Registrar may, as soon as practicable, suggest modifications as to the form of the award and, without affecting the Tribunal's liberty of decision, may also draw its attention to points of substance. No award shall be issued by the Tribunal until it has been approved by the Registrar as to its form).

⑥ SIAC Rules 2013, Rule 28. 2 (Before making any award, the Tribunal shall submit it in draft form to the Registrar. Unless the Registrar extends time or the parties agree otherwise, the Tribunal shall submit the draft to the Registrar within 45 days from the date on which the Tribunal declares the proceedings closed. The Registrar may, as soon as practicable, suggest modifications as to the form of the award and, without affecting the Tribunal's liberty of decision, may also draw its attention to points of substance. No award shall be made by the Tribunal until it has been approved by the Registrar as to its form).

⑦ SIAC Rule 2016, Rule 32. 3 (Before making any Award, the Tribunal shall submit such Award in draft form to the Registrar. Unless the Registrar extend the period of time or unless otherwise agreed by the parties, the Tribunal shall submit the draft Award to the Registrar not later than 45 days from the date on which the Tribunal declares the proceedings closed. The Registrar may, as soon as practicable, suggest modifications as to the form of the Award and, without affecting the Tribunal's liberty to decide the dispute, draw the Tribunal's attention to points of substance. No Award shall be made by the Tribunal until it has been approved by the Registrar as to its form).

是采用了更为精准的表述。

中国国际经济贸易仲裁委员会（以下简称贸仲）在1995版仲裁规则中增加了有关裁决核阅的条款："仲裁员应在签署裁决前将裁决书草案提交仲裁委员会。在不影响仲裁员独立裁决的情况下，仲裁委员会可以就裁决书的形式问题提请仲裁员注意。"① 贸仲在1998年、2000年均修改了仲裁规则，但是并未对裁决核阅部分进行修改。在2005版仲裁规则中，贸仲将裁决核阅部分单列一条，并对核阅范围进行了修改，取消了之前只能对裁决书形式问题进行核阅的限制，其规定："仲裁庭应在签署裁决书之前将裁决书草案提交仲裁委员会核阅。在不影响仲裁庭独立裁决的情况下，仲裁委员会可以就裁决书的有关问题提请仲裁庭注意。"② 可以看到，同国际商会仲裁院一样，贸仲对于裁决核阅的范围也是从对裁决形式扩大到对裁决的实体问题。

此外，除了在仲裁规则中明确规定裁决核阅制度的仲裁机构，"一些学者研究表明，有些机构不在规则中公开规定核阅制度，但在实践中有这样或那样的核阅存在，比如美国国际争端解决中心（ICDR）、维也纳国际仲裁中心（VIAC）、伦敦国际仲裁院（LCIA）、德国仲裁协会（DIS）、大韩商事仲裁院（KCAB）等"。③ 很多国内的仲裁机构也有类似的实践。北京仲裁委员会虽然没有在其仲裁规则中规定裁决核阅制度，但"为了确保公平公正仲裁，办公室内部也设置了核阅裁决书稿制度"④。广州仲裁委员会虽未在其仲裁规则中规定裁决核阅制度，但在其内部治理中也证实了其存在内部裁决核阅制度。⑤

二、裁决核阅的流程

采纳裁决核阅制度的仲裁机构针对裁决核阅的流程虽不尽相同，但有许多共通之处。以下以国际商会仲裁院、新仲和贸仲三家在仲裁规则中明确采用裁决核阅制度的仲裁机构为例，介绍仲裁机构内部裁决核阅的流程。

---

① 《中国国际经济贸易仲裁委员会仲裁规则（1995版）》第56条。

② 《中国国际经济贸易仲裁委员会仲裁规则（2005版）》第45条。

③ 中国仲裁法学研究会"仲裁大家谈——仲裁员的成长"座谈会，载中国仲裁法学研究会网站2020年5月16日，https://caal.chinalaw.org.cn/portal/article/index/id/917/cid/20.html。

④ 彭立松：《从特定领域专家到优秀仲裁员的转型——彭立松：作为北仲仲裁员的思考和感悟》，载《北京仲裁》2018年第1辑。

⑤ 《2020年中国广州仲裁委员会部门决算》，第35页，载广州市人民政府网2021年10月14日，https://www.gz.gov.cn/attachment/7/7268/7268719/7832814.pdf。

（一）国际商会仲裁院

国际商会仲裁院采用三个阶段的裁决核阅流程，分别由仲裁院秘书处的法律顾问、仲裁院秘书处的管理团队以及仲裁院的委员承担相应的工作①。首先，在仲裁庭提交裁决草案后由管理该案件的法律顾问对裁决草案进行初步核阅。在核阅过程中，法律顾问不仅需要在裁决草案中标注出需要改进的事项，而且要准备一份详尽的议题，详细写明建议修改的内容及提示。其次，该裁决草案和议题将会交由包括秘书长、副秘书长和管理顾问在内的管理团队进行核阅。这一阶段的核阅工作着重于核阅标准的一致性，避免不同办案小组的法律顾问在核阅裁决过程中采取不同的标准。最后，法律顾问会和管理团队进行讨论，根据案件复杂程度或重要性的不同决定将案件交由定期召开的委员会会议或全体会议进行讨论。除简易程序外，委员会会议由三名仲裁院委员、仲裁院管理团队和负责该案件的法律顾问共同参加。而在全体会议中，来自 121 个国家或地区的 195 名仲裁院成员②会提供多元的核阅意见以供秘书处参考。当案件从秘书处交由仲裁院时，仲裁院会根据争议的行业领域以及争议方所处的地区从仲裁院选举一位报告人。报告人会结合裁决草案及秘书处的议题来撰写一份报告，以供仲裁院会议讨论。仲裁院在核阅完裁决草案后，有三种可能：在未附评论的情况下直接批准裁决草案；在附评论的情况下批准裁决草案；未批准裁决草案。在极少数的第一种情形下，仲裁庭在签署裁决后即可发给双方当事人；在第二种情形下，秘书处的法律顾问会将仲裁院的意见和建议反馈给仲裁庭，仲裁庭在完善裁决草案后将裁决发给双方当事人；在第三种情形下，仲裁庭需要根据仲裁院的意见和建议进一步完善裁决草案，在完善后再次提交仲裁院进行核阅。

（二）新加坡国际仲裁中心

新仲采取两个阶段的裁决核阅流程，分别由秘书处的办案人员和秘书处的主簿进行。根据新仲的仲裁规则，主簿具有判断裁决书形式的最终核准权③，

① International Chamber of Commerce Court of Arbitration, Note to Parties and Arbitral Tribunals on the Conduct of the Arbitration under the ICC Rules of Arbitration (19 November 2023), https://iccwbo.org/news-publications/arbitration-adr-rules-and-tools/note-parties-arbitral-tribunals-conduct-arbitration/.

② International Chamber of Commerce International Court of Arbitration, Court members (19 November, 2023), https://iccwbo.org/dispute-resolution/dispute-resolution-services/icc-international-court-of-arbitration/court-members/.

③ SIAC Rule 2016, Rule 32.3.

因此新仲的裁决核阅在原则上不会到达仲裁院的层级。裁决草案在经由法律顾问或副法律顾问核阅后提交给主簿进行核阅[①]，主簿根据情况需要，可以就部分事项咨询仲裁院[②]。因此，和国际商会仲裁院不同，新仲并不强制要求将案件交由仲裁院核阅，仲裁院起到了更多咨询的作用。

（三）中国国际经济贸易仲裁委员会[③]

贸仲采取三个阶段的裁决核阅流程，分别由案件经办人员所在的处室、资深案件核稿人员和仲裁院管理团队进行核阅。除核阅流程外，若案件争议金额较大、案情较为复杂，仲裁院还可特别召开专家咨询委员会来进行讨论。仲裁院管理团队负责协调裁决核阅一致性，以保证各处室及核稿团队适用统一的裁决核阅标准。待裁决核阅后，案件经办人员综合核阅意见并反馈给仲裁庭。仲裁庭通常会参考核稿意见来完善裁决草案，但如果仲裁庭保留自己的意见，贸仲则会尊重仲裁庭意见而将裁决发给双方当事人。

三、裁决核阅的重点

正如上文所述，这三个仲裁机构的裁决核阅范围均包括裁决的形式以及裁决的实质内容。但因为三个仲裁机构受理案件的类型不尽相同，服务的主要当事人所在地区不同，因此其在核阅过程中关注的重点也有所不同。以下，就三个机构裁决核阅的重点分别从形式和实质内容两个方面进行介绍。

（一）国际商会仲裁院

国际商会仲裁院在核阅裁决时会依据提供给仲裁员的裁决清单（ICC Award Checklist）[④] 来检查裁决草案是否满足其每一项要求。在裁决清单的七大项 29 项内容中，分为总则、当事人身份、仲裁条款及法律适用、仲裁程序、管辖权、仲裁费用、裁决具体决定和执行相关内容。在总则项下，核阅人员要确保裁决格式、目录、翻译、缩写、适用规则版本准确无误。在当事人身份项下，核阅人员要确保双方、双方代表及律师以及仲裁员的联系方式正确。在仲裁条款及

① Philipp Habegger, Daniel Hochstrasser, Gabrielle Nater-Bass & Urs WeberStecher, Arbitral Institutions under Scrutiny: ASA Special Series No. 40, JurisNet, LLC (2013).

② SIAC Practice Note for Administered Cases, PN - 01/14 (2 January 2014).

③ 李复甸：《仲裁机构仲裁判断书核阅程序比较》，载《仲裁实务》2022 年 1 月 31 日。

④ International Chamber of Commerce International Court of Arbitration, ICC Award Checklist, at https://iccwbo.org/news-publications/arbitration-adr-rules-and-tools/icc-award-checklist-english-version/.

法律适用项下，裁决需要引用整体的仲裁条款，记录每次仲裁条款的修改以及引用相关的法律适用条款。在仲裁程序项下，核阅人员要重点关注仲裁院是否对仲裁地、仲裁员数量及可受理性作出过决定，仲裁条款约定选定仲裁员的方式，裁决的作出是否有延期，以及是否有之前的裁决。在管辖权项下，核阅人员要检查该案件是否存在管辖权异议，或者是否有缺席方，或者仲裁庭是否对该案件作出了管辖权决定。在仲裁费用项下，裁决书应写清仲裁院最后确定的金额。在裁决具体决定和执行相关内容项下，核阅人员要确保仲裁庭在审理范围书上的事项均体现在裁决书中。国际商会仲裁院在裁决核阅过程中关注的重点是确保裁决能够在全球成功执行。

（二）新加坡国际仲裁中心

同国际商会仲裁院相似，新仲在核阅裁决时也有一个内部检查清单供法律顾问和主簿在进行核阅时作为参考。新仲秘书处会针对裁决的形式进行核阅，就实质部分，秘书处还会核查是否出现超裁、漏裁、说理不足或前后矛盾等问题，抑或是适用法律不统一、费用分配不均等不足。但不论是针对裁决形式或是内容等核阅，都是在不影响仲裁庭独立作出裁决的基础上作出的，用于确保新仲裁决的质量和可执行性。

（三）中国国际经济贸易仲裁委员会

贸仲在核阅裁决时也会借助内部的《裁决书核阅办法》[①]。其中在程序方面，核阅人员会主要关注裁决程序事项是否完善，文字语句是否表述准确，排版是否整齐无误，当事人及合同是否表述统一，当事人的请求、反驳及意见是否均在裁决上有所体现。此外，在不影响仲裁庭独立裁决的情况下，核阅人员也可以就裁决的实体问题提请仲裁庭注意。通过对裁决草案的核阅，在不影响仲裁庭独立裁决的条件下提高裁决质量，使裁决内容完整、说理充分、语言流畅，从而增强其可执行性。

四、裁决核阅制度的重要性及优势

（一）提高裁决的质量

仲裁作为定分止争的有效机制，其公平正义就体现在裁决的质量上。文件

---

① 《贸仲 2021 年工作报告》，载中国国际经济贸易仲裁委员会网站 http：//www.cietac.org.cn/index.php？ m=Article&a=show&id=18232。

在健全仲裁委员会内部监督制度中提到："建立仲裁委员会对仲裁裁决的核阅制度……确保仲裁裁决质量。"可见核阅制度是保障仲裁裁决质量的有效机制。卢云华先生也指出"我国实行机构仲裁制度，仲裁机构对仲裁案件质量负有责任，仲裁案件的质量是考核仲裁机构的重要指标。各仲裁机构要建立完善的质量监督制度，坚决杜绝违反法定程序办案，严防不公正、不适当的违法裁决出门，绝不允许以尊重仲裁庭独立仲裁为借口放弃监督责任。"① 因此，仲裁庭独立办案并不等于仲裁机构对于仲裁裁决不监督、不把关。2013 年，国际商会仲裁院在核阅过程中向仲裁庭提出反馈意见的比例达到了近 92%②。由此可见，裁决核阅制度能有效给予仲裁庭反馈，用于提高裁决质量。

（二）增强裁决的一致性

近些年的司法裁判工作中明确要求统一裁判尺度、实现类案同判、规范法官自由裁量权。不同于诉讼制度的是，商事仲裁具有封闭性强、保密性强的特点，因此导致仲裁裁决体现出较强的仲裁员个性，结果可预判性较弱。这样的问题在一些金融类争议中更为突出，譬如对于同一基金产品在确定赔偿比例时，不同仲裁员有不同认识，导致仲裁裁决时赔偿金额大不相同③。在某种程度上，仲裁裁决反映的是仲裁庭的观点。但是，仲裁员的身份具有多样性，其对于具体案件的观点与其职业经历息息相关。所以，不同职业经历的仲裁员可能在相似案件中的观点会存在较大的差别。2021 年，法院裁定撤销的仲裁裁决书仅占撤销仲裁裁决申请的 2. 36%。④ 由此可见，一旦裁判结果出现差异，当事人缺少有效的救济渠道，有必要在仲裁机制下也制定类似的"类案同判"制度。但"类案同判"机制势必会影响仲裁的独立性和保密性，因此由仲裁机构发挥作用，在裁决核阅阶段进行内部协调无疑成为一个折中方案，以满足在仲裁机制下类案同判的要求。

（三）增强裁决的可执行性

对当事人来说，从仲裁机构收到仲裁裁决仅仅是完成了仲裁流程的一部分，

---

① 卢云华：《中国仲裁十年》，百家出版社 2006 年版。

② Gustave Flecke-Giammarco, The ICC Scrutiny Process and Enhanced Enforceability of Arbitral Awards, Journal of Arbitration Studies, Vol. 24 No. 3.

③ 《北京金融法院涉金融仲裁司法审查白皮书》，载法治网 2023 年 10 月 26 日，http: //www. legaldaily. com. cn/Company/content/2023-10/26/content_ 8919350. html。

④ 朱华芳、郭佑宁、郭萌等：《2021 年度中国仲裁司法审查实践观察报告——大数据分析》，载天同律师事务所网站，http: //www. tiantonglaw. com/Content/2022/09-17/2315592544. html。

后面重要的环节是裁决的承认与执行。法院对于裁决核阅制度的认可度成为裁决核阅制度能否持续发展的前提。“国际商会仲裁院的裁决核阅制度曾在执行的过程中受到过质疑，但当地方法院了解到了仲裁院在裁决核阅中的角色时，这些地方法院会肯定仲裁院所起到的作用并站在仲裁院这一边。”① 此外，在 Bank Mellat v. GAA Development Construction Company 案中，英国商事法院 Johann Steyn 法官认为：“与本案问题密切相关的监督职能是仲裁院在裁决发布前对其核阅的权力……仲裁院核阅裁决的机制有助于增强国际商会仲裁院仲裁裁决的可执行性。”②

在法院认可裁决核阅制度的基础上，裁决能够得到更为广泛的承认和执行。此外，仲裁机构在核阅的过程中还可以将自己积累的有关裁决执行的经验融入裁决核阅中，参考以往办理的类似案件向仲裁庭提供意见。仲裁机构在裁决核阅过程中对仲裁地强制性法律的关注势必会降低裁决被撤销或被执行的概率。

（四）扩充仲裁员队伍，加强对仲裁员队伍的监督

随着国内外商事交易活动的发展，相关的经贸争议也随之增多。近些年来，仲裁机构的受案量呈几何式增长。随着仲裁案件数量的增长，需要的仲裁员队伍也随之增加。但仲裁员是一个通过办理大量案件积累经验的职业，无法“快速量产”，所以需要不断培养新的仲裁员队伍为仲裁行业“输血”。新的仲裁员可能是某一领域的专家，但审理案件、撰写裁决书可能并非他们的专长。这时，在仲裁员写完裁决草稿后，裁决核阅制度能够给仲裁员一个积极的反馈，使新的仲裁员更加熟悉裁决书要求，不断提高仲裁员业务水平。

仲裁员和仲裁机构之间不存在隶属关系，所以仲裁员在整个仲裁程序中缺少相应的监督。同时，仲裁采用一裁终局、保密审案的做法，一定程度上导致了仲裁员在仲裁程序中缺少相应的制衡及外部的监督。此外，仲裁的司法监督主要体现在仲裁程序上，如果仲裁员在仲裁程序上没有纰漏，即使在实体上出现了问题，也很难有救济渠道。仲裁机构的裁决核阅制度可以在实体问题上有效弥补司法监督的不足，从而更加有效地对仲裁员进行监督和制约。

---

① William Laurence Craig, William W. Park, Jan Paulsson, International Chamber of Commerce Arbitration, 3rd Edition, Oceana Publication, “While the Court's role of scrutinizing awards has been challenged before national courts, those courts have usually sustained the ICC and upheld its prerogatives”.

② The supervisory function which is germane to the issues in the present case is the Court's power of scrutiny of awards before they are published…The system of scrutiny of awards by the Court contributes to the enforceability of ICC awards.

（五）提升仲裁公信力

"'公信力'是由'公''信''力'这三个字组合而成。'公'意味着仲裁要追求公平正义，仲裁属于公共法律服务范畴，要面向社会，得到社会认可；'信'意味着仲裁要做到诚实信用，要得到社会的信任、信赖、信托；'力'意味着仲裁要实现权威高效，要在社会上有影响力、执行力。"① 仲裁制度纵然有效率高、体现当事人意思自治、保密性强等优势，但最重要的目标是公平正义地解决当事人之间的纠纷。黄进教授在《仲裁公信力建设的要件与仲裁公信力评估的意义》一文中指出："要提升仲裁公信力，最主要的三点分别是现代化的法治环境、高素质的仲裁员队伍、优质的仲裁管理服务。"裁决核阅制度能通过加强对仲裁程序的监督、提高仲裁员业务水平以及增强仲裁机构内部治理三个方面来全面提高仲裁公信力。

仲裁公信力同样还具化在仲裁机构上。我国实行机构仲裁，每一件仲裁庭审理的案件最终都是以仲裁机构的名义呈现的。裁决书的质量会直接影响到仲裁机构的声誉和公信力。尽管仲裁机构可以对不认真履行职责的仲裁员进行限制甚至除名，但裁决对仲裁机构的影响却是永久性的。这就更加要求仲裁机构采用各种措施保障裁决质量，维护机构公信力。

五、国内机构如何纳入并完善裁决核阅制度

中共中央办公厅、国务院办公厅《关于完善仲裁制度提高仲裁公信力的若干意见》中明确规定，健全仲裁委员会内部监督制度，要求仲裁委员会"在尊重仲裁庭、仲裁员独立裁决的基础上，加强仲裁委员会对仲裁程序的管理监督，建立仲裁委员会对仲裁裁决的核阅制度……"但2021年发布的《中华人民共和国仲裁法（修订）（征求意见稿）》并没有将裁决核阅制度纳入其中。因此，裁决核阅制度很大可能不会从法律法规层面进行实施，而是通过仲裁机构自行将其纳入其制度的方式进行实施。下面就国内仲裁机构如何完善裁决核阅制度进行讨论。

（一）将裁决核阅制度正式纳入仲裁规则中

如前文所述，许多仲裁机构正式将仲裁核阅制度纳入其仲裁规则，也有很

① 黄进：《仲裁公信力建设的要件与仲裁公信力评估的意义》，载中国政法大学仲裁研究院网站2021年1月21日，http：//www.chinaarb.org/Arbitration/Details/1b13fc103414467bbd52741d00ccb9e3。

多仲裁机构虽未在其仲裁规则中规定裁决核阅制度，但其在内部治理中实际包含裁决核阅制度。对于想设立仲裁裁决制度的仲裁机构，是否需要将裁决核阅制度正式纳入其仲裁规则，则是其首先需要考虑的问题。

对于未将裁决核阅制度纳入其仲裁规则的仲裁机构来说，其更多的是将裁决核阅制度通过机构内部规定或指引等形式在机构内部进行规定。这样的优点是当裁决核阅制度在国际范围内受争议的情况下能够以仲裁规则中未规定裁决核阅制度来宣传仲裁机构在处理案件时的中立性，吸引那些习惯于没有裁决核阅制度的仲裁用户。然而，未将裁决核阅制度纳入其规则但在实际操作中采纳了裁决核阅制度是否违反“仲裁庭的组成或者仲裁的程序违反法定程序的”①规定，目前还没有相关的参考案例。但根据司法解释关于“违反法定程序，是指违反仲裁法规定的仲裁程序和当事人选择的仲裁规则可能影响案件正确裁决的情形”② 的规定来说，仲裁机构内部设定裁决核阅制度虽然不同于仲裁规则，但其目的是保证裁决质量，并不会达到可能影响案件正确裁决的后果。同样地，在判断未将裁决核阅制度纳入仲裁规则仲裁机构裁决的效力时，也会考虑到那些已经生效的裁决，为了保证裁决的既判力和稳定性，司法机关不会轻易地认定这样的裁决违反仲裁程序。因此在制度层面上，无论仲裁机构是否正式将裁决核阅制度纳入其仲裁规则，理论上不会有较大的差异。

但若将裁决核阅制度纳入其仲裁规则，这样就能强化仲裁机构裁决核阅制度的规范性、正当性。通过将裁决核阅制度纳入对外的仲裁规则，明确裁决核阅中裁决核阅的范围、明晰仲裁机构和仲裁庭的界限，从而更好地相互配合，公正高效地审结争议。同样，将裁决核阅制度纳入仲裁规则后，从现有的案例中看，核阅制度也不在法院审查的仲裁程序范围内。③

（二）裁决核阅流程的制定

采用裁决核阅制度的仲裁机构通常会设置两级或三级裁决核阅流程，参与裁决核阅的人员数量从 2 人到 6 人不等。制定裁决核阅流程并没有统一的规定，更要根据仲裁机构的受案量、案件类型、机构设置等因素综合考虑。

---

① 《仲裁法》第 58 条第 3 款、《纽约公约》第 5 条第 1 款第 3 项。

② 《最高人民法院关于适用〈中华人民共和国仲裁法〉若干问题的解释》第 20 条。

③ （2014）深中法涉外仲字第 41 号，广东省深圳市中级人民法院在该案中裁定“关于裁决书草案核阅的问题。裁决书草案的核阅属于仲裁机构的内部管理，不属于法院应予审查的仲裁程序……”目前有关判定仲裁机构裁决核阅有效性的案件只有该案，还待更高层级的法院的裁判意见作为参考。

若制定的裁决核阅流程较多或较为复杂，则对于参与裁决核阅的人员数量有着一定的要求。这样多流程的裁决核阅制度可以让更多的人参与裁决核阅工作，更多的意见无疑会使裁决核阅工作更加完善，更好地提高仲裁裁决的质量。但这样较为复杂的机制也有其劣势，其工作量的增加无疑对于核阅人员的工作效率和能力提出了更高的要求。此外，核阅人员的数量并没有同仲裁机构受案数量那样成比例地增长，因此每个案件核阅的时间就会增加，降低了用户对仲裁高效解决争议的期待。

相较于国际商会仲裁院，贸仲和新仲的裁决核阅制度均设在机构内部，都是仲裁机构的员工进行裁决核阅的工作。而国际商会仲裁院在最后的仲裁院核阅阶段，会让仲裁院的委员参加核阅工作。仲裁院的委员不属于其员工，而是来自世界各个地方具有不同法学教育背景、实践经验的仲裁专家。邀请的仲裁院委员可以从不同于机构的视角来完善裁决，这些专家主要会从争议焦点、裁决的可执行性以及其他法律实践的角度提供建议。邀请外部专家参与的裁决核阅过程无疑能够提高裁决质量、增强裁决可执行性。但是邀请外部专家需要更多的协调工作及时间，并且有些仲裁机构将裁决核阅视作机构内部管理的一部分，习惯让内部员工来进行这项工作。因此，是否需要外部专家参与裁决核阅的工作，需要结合机构的内部制度及案件需求来决定。

（三）规范裁决核阅中仲裁机构和仲裁庭的权责划分

无论是在审理案件的过程中，还是在核阅案件的过程中，仲裁机构都要确保仲裁庭的独立性，不得加以干预。部分仲裁机构在仲裁规则中规定，“在不影响仲裁庭独立裁决的前提下，提请仲裁庭注意有关问题”①。这一规范明确划分了仲裁机构裁决核阅的权力界限，即对于核阅意见是否采纳，仲裁庭有着最终的决定权。“核阅意见本身是一种意见建议，供仲裁庭仲裁员参考，但在实践中有人认为这是对仲裁员的干预，我觉得这种认识是不正确的。仲裁员独立裁决与仲裁机构管理和仲裁裁决核阅并不矛盾，中办国办意见明确要求仲裁机构建立完善裁决核阅制度。一个非常简单的道理，看裁决书最仔细的往往是当事人特别是败诉的一方当事人，如果能在仲裁裁决签发之前，通过核阅制度从形式和实体上对裁决书进行检查并提出问题，对仲裁员提高裁判质量是有帮助的。

---

① 《中国国际经济贸易仲裁委员会仲裁规则（2015版）》第51条、《中国海事仲裁委员会仲裁规则（2021版）》第60条、《深圳国际仲裁院仲裁规则（2019版）》第53条、《厦门仲裁委员会仲裁规则（2020版）》第57条。

当然，核阅人提的意见未必都正确，对于不正确不合适的意见，仲裁员可以拒绝接受。”①

对于仲裁机构而言，裁决核阅的规则标准和流程通常属于内部规则，不为外界所知。这就更需要仲裁机构更为谨慎地行使裁决核阅职能，从而平衡仲裁机构和仲裁庭之间的关系。仲裁机构若过多参与到案件审理过程中导致裁决被撤销反而会影响仲裁机构的声誉。同时，仲裁机构还不得借裁决核阅为由，强迫仲裁庭接受意见，否则就面临“被除名”的风险。但仲裁机构也不能被动地进行裁决核阅，将裁决质量的把控全部交由仲裁庭。所以裁决核阅过程中仲裁机构和仲裁庭的权责划分非常微妙，需要仲裁机构谨慎把握。仲裁机构要尊重仲裁庭决断案件的独立性，更重要的是追求公平公正地解决争议。

（四）平衡裁决核阅程序对仲裁程序的影响

仲裁裁决核阅应当告知当事人，同时裁决核阅的期限应予以明确，避免造成额外的拖延，反而影响仲裁作为高效解决争议的机制。在研究国际商会仲裁院 2011 年至 2013 年的 225 份裁决时，研究人员发现平均的裁决核阅时间为 29. 74 天。② 如果该核阅时间能够再次缩短，便能够抵消裁决核阅程序对仲裁程序的拖延，从而平衡裁决核阅程序对整体仲裁程序的影响。

（五）培养专业的裁决核阅队伍

与其他外部审查的程序不同，不论是哪个仲裁机构，裁决核阅的第一步始终是由全程参与此案件的管理人员进行核阅。相较于司法审查的法官，仲裁案件的管理人员参与了仲裁程序的每一步骤，知晓双方当事人和仲裁庭的观点，从而能够更有针对性地进行裁决核阅。同时，和执行阶段的司法审查而比，裁决核阅的范围大于仅针对程序的司法审查，更具有全面性，这就对裁决核阅人员的能力和素质有着更高的要求。裁决核阅人员除了要具备专业的法律知识外，其还需要具有耐心仔细的性格，按照核对清单上的重点反复核阅裁决。正如培养仲裁员队伍一样，培养裁决核阅人员并非一蹴而就的任务，而是一项系统长久性的工程，需要给予一定的时间。

---

① 中国法学研究会“仲裁大家谈——仲裁员的成长”座谈会，载中国仲裁法学研究会网站 2020 年 5 月 16 日，https：//caal. chinalaw. org. cn/portal/article/index/id/917/cid/20. html。

② Gustave Flecke-Giammarco, The ICC Scrutiny Process and Enhanced Enforceability of Arbitral Awards, Journal of Arbitration Studies, Vol. 24 No. 3.

六、结语

仲裁裁决核阅制度发展至今已近百年历史，纵然裁决核阅的范围、重点和方式历经改变，但未曾改变的是仲裁机构不断追求完善裁决的目标。不断发展的仲裁市场也对我国的仲裁机构有着更高的要求。因此借鉴国内外优秀仲裁机构的实践经验，不断完善我国仲裁机构制度，提升仲裁公信力，不但有助于我国的仲裁市场繁荣发展，更有利于推动我国法治社会的建设。

（责任编委：陈宓[①]）

① 中国国际经济贸易仲裁委员会监督协调处职员。

涉制裁商事仲裁裁决的司法审查研究

——公共政策维度的考察

张　建*

摘　要： 公共政策是《纽约公约》明确规定的缔约国可用于拒绝承认及执行外国仲裁裁决的法定事由。经济制裁往往依据国内法上的强制性规定作出，其涉及制裁发起国的外交政策和国家利益，具有公法属性。在仲裁庭对案件进行实体审理时，如果当事人主张经济制裁构成不可抗力或导致合同受阻，可能引发公法与私法的法律冲突。仲裁庭作出的仲裁裁决，如果与法院地的制裁立场不同，可能被认定为与公共政策相抵触。《纽约公约》缔约国总体上趋于审慎适用公共政策，经济制裁可能与公共政策相关，但并不必然违反公共政策。对于执行地所发起的经济制裁，仲裁庭未予适用，可能被视为对公共政策的违反；但对于执行地作为初级制裁目标国或次级制裁受影响国的经济制裁，仲裁庭未予适用，并不违反公共政策。作为《纽约公约》缔约国，我国法院应当合理评估反制裁法和阻断法在仲裁司法审查中的可适用性。

关键词： 商事仲裁　经济制裁　公共政策　承认与执行

一、引言

随着全球化的深入发展和跨国商业交往的日渐增强，国际商事仲裁现已成

* 张建，法学博士，首都经济贸易大学法学院副教授，硕士生导师，中国人民大学研修学者。研究方向：国际私法。

本论文系北京市社科基金青年项目“北京‘两区’建设下境外仲裁机构准入的法治保障研究”（项目编号：21FXC014）的阶段性研究成果。

为解决私人之间跨境争议的重要手段。但近年来，逆全球化思潮涌动，单边主义、保护主义态势明显上升，国际政治经济秩序正在发生深刻调整。具体来讲，某些霸权主义国家相继推出经济制裁，对国际商事仲裁程序的顺利进行造成了冲击。尤其是，自俄罗斯与乌克兰发生冲突以来，美国、欧盟、英国、加拿大、澳大利亚等先后对俄罗斯采取了8000余项经济制裁，相关措施包括但不限于资产冻结、进出口管制、融资限制、金融服务阻断和禁用SWIFT国际结算系统等。[①] 除了初级制裁之外，制裁发起国还常常发起旨在发生域外效力的次级制裁，用于禁止第三国公民或实体与被制裁国发生商业交易和经贸往来，我国公民和企业亦深受其害。[②] 特别是，某些国际商事合同因为经济制裁的发生而无法履行，并由此引发了商事争议。从法律层面审视，我国早在2021年6月即颁布施行了《反外国制裁法》，但对于这部法律如何适用于司法和仲裁实践，目前仍然缺乏经验。[③] 具体来讲，仲裁庭应当如何认定经济制裁给商事合同造成的法律影响，合同履行是否因经济制裁而受阻，仲裁庭是否应当认可经济制裁在实体审理中的适用，抑或以遵循契约精神为重判令当事人实际履行，存在不确定性。此外，仲裁庭所作出的仲裁裁决是否有可能在跨国承认与执行环节遭遇困境，亦亟待展开深入探讨。

正是在以上背景下，俄罗斯仲裁协会先后于2016年、2022年两次就外国单边经济制裁对俄罗斯国际商事仲裁的影响进行调研，并发布相关的调研报告。[④] 从报告所披露的情况来看，在受制裁主体作为当事人的仲裁案件中，有相当一部分受访者遇到了仲裁机构拒绝或者推迟受理仲裁申请的问题。经济制裁不但影响了仲裁案件的受理，阻碍了仲裁程序的顺利推进，而且对争议实体的审理、仲裁裁决的承认及执行，都造成了不同程度的负面影响。[⑤]

在国际商事仲裁裁决的跨国承认与执行方面，最具影响力的国际公约莫过

---

① 熊启跃、赵雪情：《美欧对俄罗斯经济制裁的逻辑、影响及启示》，载《俄罗斯研究》2022年第6期。

② 马光、毛启扬：《单边制裁与阻断立法下中国企业的合规困境与应对策略》，载《武大国际法评论》2023年第2期。

③ 陈喆：《〈反外国制裁法〉豁免机制的体系构建》，载《学海》2023年第4期。

④ Russian Arbitration Association, The 2022 Russian Arbitration Association Survey: The Impact Of Sanctions On Commercial Arbitration, https://arbitration.ru/upload/iblock/331/m39afhgha29anlfo3hye1s3u7515-kek6/RAA-2022-Study-on-sanctions_ eng.pdf, August 25, 2023 last visited.

⑤ 霍伟：《涉俄制裁浪潮中，谈我国〈反外国制裁法〉对国际商事仲裁的影响及应对建议》，载中伦律师事务所网站，https://www.zhonglun.com/Content/2022/03-09/1624064411.html。

于1958年《承认与执行外国仲裁裁决公约》（以下简称《纽约公约》）。依照该公约第5条第2款b项规定，如果承认或执行某仲裁裁决有违法院地的公共政策，当地法院有权予以拒绝承认及执行。结合本文所讨论的问题，待讨论的问题具体体现为，仲裁庭对经济制裁所持立场、适用与否及处理方案，是否可被视为对法院地公共政策的违反。如果展开深入探讨，还需要特别关注：案件所涉及的经济制裁究竟是哪一个国家所采取的；当事人的主张究竟是继续履约还是解除合同；仲裁地位于哪一国家；仲裁庭所作出的裁决究竟是认可经济制裁构成不可抗力抑或无视经济制裁要求继续履约或支付损害赔偿等问题。① 从仲裁裁决的结果来看，大体上可以分为肯定和否定经济制裁两类：情形一，如果仲裁裁决否认制裁的效力，认为制裁不构成不可抗力或合同落空，不能解除合同，要求债务人继续履行合同，此时仲裁裁决在制裁发起国（如美国）的承认与执行申请，可能被视为有悖于公共政策而遭遇拒绝；情形二，如果仲裁裁决认可制裁的效力，认定合同应予解除，不履行合同的一方无须担责，此时仲裁裁决在被制裁国（如俄罗斯）的承认与执行申请，可能被视为与公共政策相抵触而被拒绝。

通过查询美国财政部海外资产控制办公室（OFAC）的官方网站可知，截至2023年7月，OFAC采取了总计38项针对特定国家与地区的制裁项目，其中有多项涉及我国军用企业。② 除此之外，美国商务部工业和安全局（BIS）公布的涉及贸易管制的实体制裁清单中，亦有相当一部分针对我国公民、法人、其他组织。③ 尽管我国外交部业已多次表态，坚决反对并公开谴责不具有国际法依据的单边制裁④，但应当看到，在经济制裁与反制裁业已成为大国间实力博弈新方法的背景下，我国的海外利益仍然面临经济制裁方面的冲击。基于此，本文旨在以公共政策这一重要的法律制度作为切入点，着重探讨经济制裁与国际商事仲裁之间的内在关系，一方面为参与国际商事仲裁的我国当事人防范经济制裁风险提供参考，另一方面也为我国仲裁庭和司法机关处理国际商事仲裁

---

① 杜涛：《国际经济制裁法律问题研究》，法律出版社2023年版，第318页。

② 美国财政部网站，https：//home. treasury. gov/policy-issues/financial-sanctions/sanctions-programs-and-country-information。

③ Bureau of Industry and Security, Supplement No. 4 to Part 744 - ENTITY LIST, Bureau of Industry and Security (15 September 2022).

④《外交部：中方一贯反对任何非法单边制裁》，载人民网2022年2月23日，http：//world. people. com. cn/n1/2022/0223/c1002-32358340. html。

实体审理阶段、仲裁裁决承认及执行阶段面临的经济制裁问题提供思路。

二、公共政策在国际商事仲裁中的适用现状

（一）国际社会对公共政策的适用现状

依据《纽约公约》第5条第2款b项之规定，公共政策是拒绝承认及执行外国仲裁裁决的法定事由。[①] 仲裁庭对案件的审理必须以符合公共政策作为基本要求，即使案件涉及经济制裁亦不例外。一旦仲裁庭对经济制裁的适用或不适用，违背了执行地的公共政策，将难以实现当事人运用仲裁方式解决争议的合理预期。需要探讨的是，经济制裁是否属于公共政策所涵盖的情形？如果属于，具体有哪些制裁或反制裁措施可被归入公共政策的范畴？诸如此类问题，很可能成为涉制裁仲裁裁决在承认及执行阶段不容回避的焦点。学术界普遍认为，各国法院应当严格限制公共政策的适用，避免因滥用公共政策而阻碍仲裁裁决的跨境承认及执行。[②]

为了使缔约国正确理解和适用《纽约公约》中的公共政策条款，国际法协会下设的国际商事仲裁委员会（ICCA）先后于2000年的伦敦会议和2002年的新德里会议上通过了《以公共政策拒绝执行国际仲裁裁决的中期报告》和《以公共政策拒绝执行国际仲裁裁决的最终报告》（以下简称《最终报告》）。《最终报告》中明确：公共政策应当界定为国际私法上的公共政策，而非国际公法上的公共政策；《纽约公约》所规定的公共政策，特指仲裁裁决执行地所属国认可的原则与规则，而非适用于各国的、国际的跨国公共政策。[③]

在Kashani v. Tsann Kuen China Enterprise Co. 案[④]中，双方约定，美国公司在伊朗建造一家工厂，组装我国制造商的计算机产品，并在伊朗销售。初审法院认为向伊朗供应货物的行为被《伊朗制裁条例》所禁止。原告在上诉中援引了MGM Prods. Group, Inc. v. Aeroflot Russian Airlines一案[⑤]，要求中方企业履

---

① 马德才：《〈纽约公约〉中的公共政策性质探析——兼论我国相关法律规定的完善》，载《商事仲裁》2010年第2期。

② 朱巍：《公共政策保留与国际商事仲裁裁决的承认和执行》，载《北京联合大学学报》（人文社会科学版）2005年第3期。

③ 鲍冠艺、黄伟译：《2002年新德里大会国际商事仲裁委员会以“公共政策”拒绝执行国际仲裁裁决的最终报告》，载《仲裁研究》2006年第1期。

④ 118 Cal. App. 4th 531 (Cal. Ct. App. 2004).

⑤ 该案中，美国法院确认了仲裁裁决，认为合同没有违反《伊朗制裁条例》，即使确有违反，也不是《纽约公约》拒绝承认与执行的理由。573 F. Supp. 2d 772 (F. Supp. 2003).

行合同义务。最后，加州上诉法院维持了原判，在判决中特别说明了《纽约公约》第 5 条的公共政策与国内法院认定合同非法的公共政策应当加以区别。

综上，《纽约公约》第 5 条中的公共政策应当理解为国内法范畴的国际公共政策。一方面，该公共政策应当属于国内法体系下的概念，其旨在维护一国的国家主权、安全、发展利益及本国公民的海外利益，而非国际社会共同体的普遍利益；另一方面，该公共政策应当属于国际私法上的公共政策，而国内法中的公共政策并不一定都能够满足这一要求，只有足以对一国的国际交往产生实质性影响的政策方可称为国际公共政策。

（二）我国法院对公共政策的适用现状

我国作为《纽约公约》缔约国，最高人民法院曾在多起典型案例中强调恪守公约义务的重要性。最高人民法院 2021 年发布的《全国法院涉外商事海事审判工作座谈会会议纪要》第 108 条规定："人民法院根据《纽约公约》审理承认和执行外国仲裁裁决案件时，如人民法院生效裁定已经认定当事人之间的仲裁协议不成立、无效、失效或者不可执行，承认和执行该裁决将与人民法院生效裁定相冲突的，应当认定构成《纽约公约》第五条第二款 b 项规定的违反我国公共政策的情形。"

我国司法实践中依据公共政策拒绝承认与执行外国仲裁裁决的案例极少。从中国裁判文书网公开可查的案例来看，自 1987 年至 2023 年，最高人民法院审查的承认及执行外国仲裁裁决案件中，仅有 3 例以公共政策为由拒绝承认及执行，其中 2 例是以侵犯我国的司法主权与法院管辖权为由拒绝的①、1 例是年代比较久远的案例。②

在香港享进粮油食品有限公司申请承认及执行香港国际仲裁中心仲裁裁决案③中，合肥市中级人民法院、安徽省高级人民法院拟认定：仲裁裁决判定安徽粮油公司承担违约责任，与民商法中的自愿公平、等价有偿、诚实信用等基本原则相悖，如果予以执行，将扰乱社会经济秩序，损害社会公共利益。但在经过报核后，最高人民法院作出了相反认定，并指出，本案不宜援引公共政策作为不予执行仲裁裁决的理由。④ 类似地，在 ED&F 曼氏（香港）有限公司申

① 最高人民法院（2008）民四他字第 11 号；最高人民法院（2015）民四他字第 48 号。

② 最高人民法院（1997）民四他字第 35 号。

③ 安徽省高级人民法院（2003）皖执他字第 01 号民事裁定书。

④ 最高人民法院（2003）民四他字第 9 号。

请承认与执行伦敦糖业协会仲裁裁决案中，最高人民法院再次明确：境内企业未经批准擅自从事境外期货交易的行为，违反我国法律的强制性规定，但这不能完全等同于违反我国的公共政策。[①] 由此可见，我国法院对待“公共政策例外”的态度是有限度适用的，对于违反法律、行政法规中强制性法律规定的外国仲裁裁决，并不能当然地等同于违反我国的公共政策。只有“明显违背”，即对我国公共利益造成明显危害时，才可能拒绝承认与执行仲裁裁决。[②]

（三）经济制裁与公共政策的内在关联

从现有的实践来看，部分国家的法院在对外国仲裁裁决进行司法审查时，并不认为经济制裁属于公共政策的范畴。这主要基于两方面考虑：首先，公共政策应当是长期性和稳定性的，而经济制裁是临时性且不稳定的。如果由于经济制裁，法院以“公共政策例外”为由拒绝执行裁决，在上诉期满后又遇上制裁政策变动，则无法避免受先前裁决的既判力的影响。其次，单边国际经济制裁是一种政治斗争的工具，通常由行政部门实施，将制裁纳入其中可能会使行政对司法造成不当影响。[③]

例如，在 Normetimpex v. Zaporozhtransformator 案中，申请人是一家俄罗斯公司，其向乌克兰最高法院申请承认及执行一份由俄罗斯联邦国际商事仲裁院作出的仲裁裁决。被申请人向法院抗辩称，如果承认及执行该仲裁裁决，将违反《纽约公约》第 5 条第 2 款 b 项规定的公共政策条款。特别是，申请人的受益人已被列入乌克兰的制裁清单，按照该制裁清单，相关实体位于乌克兰境内的资产将被冻结，并且这类实体在乌克兰境内的其他商业活动也受到严格限制，譬如，被禁止将资本从乌克兰转移出去。然而，仲裁庭却无视乌克兰的经济制裁，仍然作出了有利于申请人的仲裁裁决。本案中，乌克兰最高法院试图就经济制裁、商事仲裁与公共政策之间的关系加以阐述，其明确指出：之所以存在公共政策这一法律概念，目的是维护国家的基本法治原则和司法机关的权力，使之免于因外国的不当仲裁裁决而受到消极影响。《纽约公约》第 5 条规定，旨在设置一个法律屏障，从而抵御那些明显违反法院地基本程序法和实体法原则的仲裁裁决。这些规定，还旨在防止法院承认和执行那些涉及腐败而仲裁员却

---

① 最高人民法院（2003）民四他字第 3 号。

② 杨果果：《我国商事仲裁裁决承认与执行中的公共政策》，载《区域治理》2019 年第 49 期。

③ 范晓宇、漆彤：《经济制裁对国际投资仲裁的影响——基于 ISDS 实践的分析》，载《国际法研究》2022 年第 5 期。

予以忽视的仲裁裁决。[①] 在对公共政策的制度功能进行分析的基础上，乌克兰最高法院深入探讨了公共政策对经济制裁的适用。其强调，依照乌克兰法律，经济制裁具有特定性、个体性等特征，法律不容许经济制裁适用于与制裁目标实体存在联系的其他个人或实体。此外，必须注意到对制裁目标实体的所有权和受益权归属，在本案中，受制裁的实体对申请人仅仅持有非常少的股份，并且根本不被申请人自身视为受益人。基于此，乌克兰最高法院认定，涉案仲裁裁决并不违反乌克兰的公共政策，应当予以承认及执行。该判决通过阐述经济制裁的私人属性，从而否认了涉案仲裁裁决有悖于公共政策的抗辩，这为其他法院处理类似问题提供了重要参考。但其适用前提是，仲裁当事人并非直接受制裁的目标实体。换言之，如果仲裁当事人恰恰是受制裁的目标实体，而仲裁庭却无视或拒绝考虑经济制裁，那么所作出的仲裁裁决是有可能违反公共政策的。

结合现有的规范与实践，经济制裁可以被纳入公共政策范畴加以分析，这主要基于以下考虑：第一，以美国为例，从制裁发起国视角出发，经济制裁属于具有公法属性的、应当予以直接适用的法，无论是仲裁庭还是法院，都不能无视经济制裁。[②]美国对外发布制裁的法律依据是国会立法、联邦条例以及总统发布的行政命令。不论立法位阶属于法律抑或行政法规，均应视为强制性规范而非任意性规范。结合《最终报告》建议第 3 条 a 款，在直接适用时，缔约国法院有权拒绝执行仲裁裁决。[③] 据此，美国可以将其采取的经济制裁作为援引公共政策的直接依据。从司法实践来看，已有部分国家的法院倾向于将本国的经济制裁及反制裁纳入公共政策的范畴加以考量。[④]

第二，不宜将经济制裁直接理解为外交政策，准确地说，经济制裁只是可用作实现外交政策的手段和工具之一。在功能上，公共政策不仅可用于排除外

---

① Oksana Karel et al. , Public policy against the backdrop of international sanctions regime, https: //chambers. com/articles/public-policy - against - the - backdrop - of - international - sanctions - regime, August 25, 2023 last visited.

② 姜悠悠：《论美国单边制裁对国际商事合同法律适用的影响》，载《财经法学》2022 年第 2 期。

③ 鲍冠艺、黄伟译：《2002 年新德里大会国际商事仲裁委员会以“公共政策”拒绝执行国际仲裁裁决的最终报告》，载《仲裁研究》2006 年第 1 期。

④ Olga Kokoz, Is There Room for Sanctions in Public Policy? Opposite Approaches in The Recent Case Law of the Ukrainian SupremeCourt, Kluwer Arbitration Blog (17 April 2020) , https: //arbitrationblog. kluwerarbitration. com/2020/04/17/is-there-room-for-sanctions-in-public-policy-opposite-approaches-in-the-recent-case-law-of-the-ukrainian-supreme-court/.

国法的适用，而且还可排除外国强行性规则。[①] 在界定方面，国际私法上的公共政策主要涵盖国家的重大利益、基本制度、法律的基本观念、道德的基本原则，但并没有明确涵盖一国的外交政策。从实务来看，制裁发起主体不同，经济制裁的法律属性亦有所区别。譬如，美国的经济制裁虽然多由总统签署，但需要先由国会通过，具有立法依据。例如，2014年奥巴马签署国会通过的《支持乌克兰自由法案》，加强针对俄罗斯能源、金融和国防领域的制裁。2017年特朗普签署国会通过的《以制裁反击美国敌人法案》，加强对伊朗、俄罗斯以及朝鲜的制裁。2021年拜登依据《马格尼茨基法案》与欧盟联合对俄罗斯实施人权制裁。

第三，经济制裁不仅关系到制裁发起国的政策和利益，而且对受制裁国的主权、安全、发展具有密切关联，理应纳入公共政策范畴加以考虑。在国际私法领域，关于公共政策的探讨由来已久，法院在决定是否承认及执行外国仲裁裁决以及是否适用外国法时，都不能无视法院地的公共政策。无论是在法律选择环节，还是在仲裁裁决的承认与执行环节，公共政策所保护的对象并无本质差异，均包括国家利益、法律的基本原则、良好道德的普遍观念、共同福利的根深蒂固的传统，其既包括程序性内容，也包括实体性内容。[②] 此外，二者的目的具有一致性，均旨在发挥“安全阀”功能，且适用的标准均采取客观说，强调外国法适用的结果及案件与法院地之间的实质联系，从而使法官的自由裁量权受到一定的约束。[③] 公共政策的内涵具有相对稳定性，但公共政策的外延却并非一成不变，随着空间的转换和时间的推演而有所差异，鉴于经济制裁俨然已对国家利益、公共福利造成冲击，应当纳入公共政策的范畴，从而体现出法律对现实生活的生动投射。

第四，就规范层面观察，许多国家与国际组织业已将经济制裁及反制裁纳入立法的规制范畴，通过将纯粹的单边执法提升到立法层面，给拟采取的经济制裁措施提供了合法化依据，也为经济制裁在仲裁及司法中的强制适用奠定了基础。对于受制裁的国家而言，阻断条例与反制裁立法的颁布和实施，可以视为一国从公共政策层面出发运用强制性规定对抗外国经济制裁的不当域外适

---

① 肖永平主编：《欧盟统一国际私法研究》，武汉大学出版社2002年版，第168页。

② 何其生：《多元视角下的中国国际私法》，高等教育出版社2019年版，第237页。

③ 刘阳：《外国人权保护对国际私法公共政策的影响》，华中科技大学出版社2020年版，第27页。

用。[①] 如果将反制裁法解释为目标国的国内公共政策，将外国的经济制裁法解释为发起国的国内公共政策，仲裁庭面临的经济制裁适用问题本质上是两个不同国家之间的国内公共政策所发生的冲击和碰撞。[②] 为此，仲裁庭既需要在法律秩序之间抉择，更需要兼顾跨国公共政策的适用，而强制性规定正是对公共政策这一抽象概念加以规范化、成文化、可操作化的产物。[③]

2002 年《最终报告》将“公共政策”分为基本原则、公共政策规则以及国际义务。笔者按照制裁与反制裁措施的不同主体划分，结合《最终报告》的分类，讨论经济制裁影响下公共政策的具体认定。

1. 单边经济制裁涉及的公共政策

单边经济制裁在国际法上的合法性，目前仍存在争议。《联合国宪章》第 2 条第 4 款规定国家禁止使用“threat or force”，现有中文译本将其翻译成“威胁或武力”，然而根据《元照英美法词典》，“force”不仅有武力之意，还有强制、强迫之意。[④] 故而，经济制裁亦在《联合国宪章》所禁止的范围之内。如果将经济制裁视为国际法上的反措施，亦需讨论，受害国之外的其他国家是否有权力针对责任国采取反措施。为此，联合国国际法委员会制定了不妨害条款[⑤]，用于明确，如果制裁发起国针对责任国在先采取的国际不法行为进行有针对性、合乎比例原则的反击，则经济制裁未必是非法的。[⑥] 从国际私法角度分析，对单边经济制裁与公共政策关系的理解，应注意以下三点：

第一，对制裁发起国而言，经济制裁可纳入国内公共政策的范畴。国际商事仲裁的管辖权虽然建立在私人之间订立的仲裁协议的基础上，但仲裁裁决依据《纽约公约》而产生了在全球范围内的执行力，因此有学者将国际商事仲裁视为跨国司法体系。[⑦] 为此，仲裁庭不能忽视仲裁地、准据法所属国乃至可预

---

① 杜涛、周美华：《欧盟针对美国域外经济制裁的阻却法令及其法律效果》，载《欧洲法律评论》2020 年第 5 卷。

② Nicholas Poon, “Striking a Balance between Public Policy and Arbitration Policy in International Commercial Arbitration”, Singapore Journal of Legal Studies, Vol. 9, No. 1, 2012, p. 185.

③ 汤诤、廖挺：《阻断法的司法适用：性质、效力与法律冲突》，载《法律适用》2022 年第 7 期。

④ 薛波主编：《元照英美法词典》，北京大学出版社 2014 年版，第 565 页。

⑤ 贺其治：《国家责任法及案例浅析》，法律出版社 2003 年版，第 323 页。

⑥ 简基松：《美国对俄罗斯经济制裁之国际法分析及对中国的启示》，载《法学评论》2014 年第 5 期。

⑦ Emmanuel Gaillard, International Arbitration as A Transnational System of Justice, in In C. Lim (ed.), The Cambridge Companion to International Arbitration, Cambridge University Press, 2021, p. 66.

见的仲裁裁决执行地的公共政策，否则可能导致裁决因违背公共政策而被撤销或不予执行。

第二，单边经济制裁可能违反国际义务。虽然制裁发起国力图证明经济制裁在国内法上具备合法性基础，但却无法以国内法为由免于承担国际法上的国家责任。[①] 与经济制裁相关的国际法义务，包括但不限于《关税与贸易总协定》（GATT）第 1 条最惠国待遇原则、第 3 条国民待遇原则、第 6 条对贸易施加非关税壁垒等。[②]《最终报告》指明，如果执行地法院承认与执行某一国际仲裁裁决会构成对国际组织义务的明显违反，则可以拒绝承认或执行[③]，换言之，国际组织的成员国应遵守组织设定的成员义务，这是国际公共政策的一部分。

第三，单边经济制裁可能违反国际法基本原则。联合国大会多次通过决议的形式表明单边经济制裁阻碍国际贸易的正常进行，违反国际法基本原则。[④] 受害国以外的其他国家针对加害国实施的经济制裁，有可能构成对他国内政的干涉。《最终报告》提到，国际共识可以视为基本原则的体现，而国际公约可作为国际共识存在的证据。《联合国宪章》多处体现了不干涉内政原则。[⑤] 结合 1965 年联合国《关于各国内政不容干涉及其独立与主权之保护宣言》、1970 年《关于各国依联合国宪章建立友好关系及合作的国际法原则宣言》等国际法文件，国际社会已经就不干涉内政原则达成共识，单边经济制裁有违背此项原则之嫌。

2. 反制裁涉及的公共政策

为应对欧美等国所发起的单边经济制裁，许多国家采取了法律行动，其中包括但不限于制定并适用国内反制裁法及阻断法加以防范。

以俄罗斯为例，其于 2020 年制定了《关于修订俄罗斯联邦商事诉讼法以保护个人和法律实体在外国、国家联合和（或）联盟以及外国或国家联合和（或）联盟的国家（国家间）组织实施的限制性措施中的权利的法律》（以下简称《俄罗斯反制裁法》），赋予俄罗斯商业法院对涉及受制裁俄罗斯实体的争

---

① 范晓宇、漆彤：《经济制裁对国际投资仲裁的影响——基于 ISDS 实践的分析》，载《国际法研究》2022 年第 5 期。

② 杜涛：《国际经济制裁法律问题研究》，法律出版社 2015 年版，第 183 页。

③ 鲍冠艺、黄伟译：《2002 年新德里大会国际商事仲裁委员会以“公共政策”拒绝执行国际仲裁裁决的最终报告》，载《仲裁研究》2006 年第 1 期。

④ 霍政欣：《〈反外国制裁法〉的国际法意涵》，载《比较法研究》2021 年第 4 期。

⑤ 陈一峰：《论当代国际法上的不干涉原则》，北京大学出版社 2013 年版，第 45-47 页。

议案件专属管辖权，该举措可视为程序性公共政策在仲裁领域的延伸。[①] 根据该法规定，即便当事人之间此前签订了仲裁协议，但只要俄罗斯当事人受到外国的经济制裁，即可否认仲裁条款的有效性，将争议转由俄罗斯国内商事法院进行司法管辖。此种规定，一改国际商事仲裁中以仲裁协议排除司法管辖的通行原则，以司法管辖直接取代仲裁管辖。为了避免俄罗斯境外的国际商事仲裁程序对国内的诉讼程序造成妨碍，该法还确立了禁诉令制度，允许受制裁的俄罗斯实体向俄罗斯法院申请禁诉令，以阻却境外程序的继续进行，任何当事人如果不遵守禁诉令，将面临巨额罚款乃至刑事监禁。俄罗斯的应对方案，实质上并不利于国际商事仲裁的有序进行，属于旨在对抗外国经济制裁的程序性应对。可以说，这部法案的颁布与实施，是以专属管辖权为工具，以实现程序性公共政策的名义，对外国单边经济制裁予以反制裁。据此，如果位于俄罗斯境外的国际商事仲裁庭无视俄罗斯国内的专属管辖，即使作出仲裁裁决，也会因为管辖权的缺失和对程序性公共政策的违背而被拒绝承认和执行。笔者认为，俄罗斯的反制裁立法对外国仲裁一概加以排斥，本质上不是对诉讼与仲裁之间关系的有序协调，而是以“法律战”的思维谋求本国司法管辖权的对外扩张，将反制裁的措施全方位介入国际商事仲裁，其做法既不合乎国际礼让，也可能破坏互惠关系，甚至可能激化国际平行程序，引发不同国家间的司法对抗。为了防范国际商事仲裁裁决的承认与执行这一法律问题完全陷入国际政治旋涡，法院应当保持必要的理性，避免对公共政策进行泛化解释。[②]

为应对美国的单边经济制裁，尤其是次级制裁，欧盟于 1996 年发布了《防止第三国立法域外适用的影响》（以下简称《欧盟阻断条例》）。[③] 2018 年，欧盟对条例进行了修订。[④]《欧盟阻断条例》第 4 条明确规定，阻断条例可以阻断外国仲裁庭所作仲裁裁决的承认与执行。如果仲裁裁决是依据《欧盟阻断条例》附件所列的法律作出的，法院就有义务拒绝承认及执行。

---

① Satindar Dogra et al. , Anti-suit injunctions in Russia may prevent overseas proceedings in respect of sanctioned entities, https://www.linklaters.com/en/insights/blogs/businesscrimelinks/2022/february/anti-suit-injunctions-in-russia, August 26, 2023 last visited.

② 宋建立：《公共政策在仲裁司法审查中的适用》，载《人民司法（应用）》2018 年第 1 期。

③ Council Regulation (EC), Protecting against the Effects of Extra-Territorial Application of Legislation Adopted by a Third Country, and Actions Based thereon or Resulting therefrom (22 November 1996), No. 2271/96.

④ Council Regulation (EC), Amending the Annex to Council Regulation (EC) No. 2271/96 Protecting against the Efforts of Extra-Territorial Application of Legislation Adopted by a Third Country, and Actions Based thereon or Resulting therefrom (8 June 2018), No. 2018/1100.

3. 联合国安理会制裁涉及的公共政策

依据《联合国宪章》第七章的相关规定，联合国安全理事会有权为了维持或恢复国际和平及安全而采取相关的行动，这在客观上为联合国安理会实施多边经济制裁提供了合法性基础。结合《联合国宪章》第25条，联合国会员国同意依宪章之规定接受并履行安全理事会之决议，其中亦包括经济制裁方面的决议。《最终报告》第26条明确指出，联合国安理会的制裁决议是国际义务的实例，其可被视为国际公共政策的直接体现。事实上，在许多仲裁案例中，已有仲裁庭明确了联合国安理会制裁决议可被视为跨国公共政策，从而产生直接适用的效力。① 在海牙常设仲裁院审理的 Bank Melli Iranand Bank Saderat Iran v. Bahrain 案中，② 仲裁庭认定，并非所有经济制裁都构成国际公共政策（跨国公共政策），只有联合国安理会通过的制裁决议方可构成国际公共政策，单边经济制裁并不当然具备国际公共政策的效力。

三、法院适用公共政策审查涉制裁仲裁裁决的困境

（一）合同对制裁事项约定不明导致审查的不确定性

为了规避经济制裁可能带来的不确定风险，当事人开始尝试在拟定合同时设定“经济制裁条款”，将经济制裁规定为不可抗力条款、合同免责条款或合同解除事由。鉴于许多合同的当事人对条款的约定具有模糊性，其难以准确预知经济制裁的发生，这就给涉制裁仲裁裁决的司法审查造成了不确定性。

2022年10月，英国上诉法院就 Mur Shipping BV v. RTI Ltd. 租船合同纠纷案作出判决。③ 法院认为，因受经济制裁影响，当事人无法使用美元支付，但这并非绝对无法克服的困难，通过接受欧元方式付款便可解决这一问题。2023年1月，在 Gravelor Shipping Ltd. v. GTLK Asia M5 Ltd. and another 案中，④ 英国法院认为，在受到经济制裁影响以致一方当事人无法按照合同约定的货币支

---

① Ahn, Taejoon, The Applicability of Economic Sanctions to the Merits in International Arbitration Proceedings: With a Focus on the Dynamics between Public International Law Principles, Private International Law Rules and International Arbitration Theories, in Pepperdine Dispute Resolution Law Journal, Vol. 18, Issue 2, 2018, p. 299.

② Bank Melli and Bank Saderat v. Bahrain, PCA Case No. 2017 - 25, Final Award of 9 November 2021, para. 380.

③ [2022] EWCA Civ 1406.

④ [2023] EWHC 131 (Comm).

付款项时，承担付款义务的一方当事人支付欧元，应被视为已经尽到了合同约定的“采取一切必要措施以恢复正常付款”的义务。结合这两起案件可知，英国法院在处理经济制裁影响当事人履行付款义务时，倾向于将约定的货币转换为可以替代的其他货币，从而尽可能保障合同履行。在 Lamesa Investments Ltd. v. Cynergy Bank Ltd. 案中，① 法院运用目的解释的方法，认定银行在实务中面临的唯一风险是次级制裁，因此，如果将制裁条款的适用局限于初级制裁，与订约目的不符。条款范围涵盖了美国制裁法：作为一家非美国银行，被告面临的唯一风险是次级制裁。因此，该协议第 9.1 条只涵盖初级制裁是不合理的。

综上，受内外部因素影响，法院在处理涉制裁仲裁裁决时，可能采取不同的审查路径。类似地，国际商事仲裁裁决的审理结果，也受到多重因素的影响，如制裁发起者、仲裁地、合同条款、合同准据法、仲裁协议准据法等，从而得出不同裁决结果。虽然法院在仲裁裁决作出后的司法审查阶段，原则上不审查实体事项，但公共政策制度的存在，却将仲裁裁决的实体结果与裁决的承认与执行紧密联系起来。

（二）不同审理结果下裁决执行的矛盾

实体审理结果对待经济制裁效力的态度可能是认可也可能是否认，国际仲裁裁决作出之后，不同国家法院在对待执行问题时面临不同的公共政策解释困境。如前所述，《纽约公约》确立的公共政策条款由国内法院加以解释和适用，虽然许多缔约国的法院对公共政策加以限缩解释，仅在仲裁裁决违反国际公共政策时方可适用，但也有国家对公共政策予以扩张解释，即使仲裁裁决仅违反法院地的国内公共政策亦可适用。由此可见，各国法院对公共政策的内涵和外延并没有达成全球一致的意见。至于经济制裁，无论是初级制裁，还是次级制裁，都具有溢出效应，旨在发生域外效力，从而在全球范围内产生国际影响。如此看来，仲裁庭如何处理经济制裁，既要取决于仲裁地位于哪一国，也要取决于仲裁裁决未来将在哪一国申请承认及执行，而各国对公共政策的解释性差异以及各国在经济制裁方面立场的不同，很可能对国内法院和国际仲裁庭就经济制裁的决策造成多重影响。

笔者根据债权人与债务人不同国籍作区分，讨论各类可能引起执行困境的案件，并绘制了如下表格：

---

① ［2019］EWHC 1877.

表1 仲裁裁决违反公共政策时当事人的司法救济途径

当事人的情形 / 裁决结果及执行地	债权人：制裁发起国私人 债务人：制裁目标国私人	债权人：制裁目标国私人 债务人：制裁发起国私人
仲裁裁决否认经济制裁效力，判令继续履行，或要求违约方赔偿（执行地为制裁发起国）	债务人以裁决违反公共政策为由，向仲裁地法院申请撤销仲裁裁决，或向执行地法院提出不予执行的抗辩	债务人以裁决违反公共政策为由，向仲裁地法院申请撤销仲裁裁决，或向执行地法院提出不予执行的抗辩
仲裁裁决认可并适用经济制裁，判定解除合同，违约方免责（仲裁地为制裁目标国）	债权人以裁决违反公共政策为由，向仲裁地法院申请撤销仲裁裁决	债权人以裁决违反公共政策为由，向仲裁地法院申请撤销仲裁裁决

然而，现实中受制裁影响的主体往往比表格中列举的更多，例如次级制裁可能影响到第三方国家，在该国承认与执行时就需要考虑更多的因素。

从实体性公共政策的角度看，承认或否定不可抗力（合同落空）是否违反制裁或反制裁政策？从程序性公共政策的角度看，俄罗斯修改新法，授予当地法院对涉及制裁的案件专属管辖权，约定的仲裁条款是否违反强制性管辖规定？在仲裁裁决承认与执行的过程中，这些问题都可能构成当事人主张《纽约公约》“公共政策例外”的事由。维护一国的国家利益可能对国际仲裁制度的稳定结构造成威胁，优先考虑当事人意思自治又会对公共政策构成挑战。法院会陷入两个法律体系的权衡困境，一个是维护仲裁的私法体系，另一个是支持制裁（反制裁）的公法体系。两个体系的目标、功能、价值取向、实现的方式和手段均是不同的，法院将面临两难境地。

四、区分不同情形认定经济制裁是否构成公共政策

（一）仲裁裁决执行地主动发起的对外经济制裁

在 MGM Prods. Group, Inc. v. Aeroflot Russian Airlines 案中,① 美国纽约南部地区联邦法院考虑到互惠原则，强调了公共政策应谨慎适用。联邦第二巡回法院确认了这一观点，认为美国公司与俄罗斯航空公司之间的交易与受伊朗政府控制的货物或服务没有关系，因此并未违反美国的《伊朗制裁条例》。法院

① 573 F. Supp. 2d 772 (S. D. N. Y. 2003); 91 F. App’x 716 (2004).

最终驳回了公共政策例外的主张。该案中，美国将自己实施的经济制裁措施视作外交政策，并明确，外交政策不能被视作国际公共政策。[①]

在 Ministry of Def. & Support for the Armed Forces of the Islamic Republic of Iran v. Cubic Def. Sys 案中，美国第九巡回法院亦对公共政策进行了严格解释。[②]该案中，美国 Cubic 公司与伊朗国防部签订了一份出售空战机动靶场的合同，但因伊朗革命导致合同未能正常履行。1991 年，伊朗国防部在国际商会仲裁院（International Chamber of Commerce，ICC）提起仲裁，仲裁裁决判定 Cubic 公司向伊朗国防部支付损害赔偿金。Cubic 公司最终未支付相应金额。1998 年，伊朗国防部向美国联邦法院请求确认 ICC 裁决。Cubic 公司主张原审法院对 ICC 裁决的确认违反了禁止与伊朗进行贸易这一美国的公共政策。上诉法院认为 Cubic 公司并未能证明这一点，并给出了五项理由：第一，美国对伊朗的制裁规则并未排除对 ICC 裁决的确认；第二，虽然制裁规则存在对支付的禁止，但支付和裁决确认存在差别；第三，本案中支付可以通过特别授权进行而非完全被禁止，这更加突出了支付和裁决确认之间的差异；第四，相关制裁规则提供了授权伊朗法定代表在美国参加诉讼程序的普遍许可，这表明类似本案的法律程序并不会与美国的制裁政策相冲突；第五，美国政府在法庭之友意见中支持了地区法院确认裁决的意见。综合上述原因，法院最终认为，对 ICC 裁决的确认并未违反在《纽约公约》第 5 条第 2 款 b 项下的美国公共政策。Cubic 公司未能证明存在一项公共政策，足以克服支持外国仲裁裁决的承认与执行这一强有力的政策。

由此可见，虽然美国是主要的制裁实施国，但在对待国际仲裁裁决的承认与执行问题上还是保持礼让态度，并没有将本国制裁法视作强制性法律规范而直接适用公共政策条款。现有美国判例表明，美国法院对公共政策条款是进行严格解释的，只有在外国仲裁裁决的承认或执行确将违反美国最基本的道德和正义时才会进行适用。需要注意的是，美国法院将维护仲裁裁决的稳定性与可执行性看作一项公共政策。如果一方当事人提出执行异议，需要提出一项更有力的公共政策，且这一公共政策的效力是在《纽约公约》鼓励缔约国承认与执行外国仲裁裁决这一政策之上的。

相较于美国，欧盟与英国对公共政策抗辩的认定持较为宽松的立场。譬如，

---

① 杨良宜、莫世杰、杨大明：《仲裁法——从开庭审理到裁决书的作出与执行》，法律出版社 2010 年版，第 745 页。

② 665 F. 3d 1091, (9th Cir. 2011).

在 Eco Swiss China Time Ltd. v. Benetton International NV 案中，欧共体法院认定，如果仲裁裁决没有遵守《欧共体条约》第 81 条，就存在被法院撤销的风险。[①] 欧盟实施的联合国制裁以及欧盟发布的经济制裁，均应被视为欧盟公共政策，因为它们代表了欧盟的政策目标和价值观。在 Soleimany v. Soleimany 案中，[②] 英国法院以仲裁裁决违反英国公共政策为由拒绝执行。该案中，一对父子从伊朗向英国走私地毯，而英国公共政策不允许执行非法合同。

在实务中，当事人可以向制裁执法机关申请特别许可证，从而继续履行合同义务。换言之，如果可以在特定情形下取得许可证，交易不算是对美国制裁法的违反，亦不构成对公共政策的违反。《英国经济制裁指南》第六章也明确规定了“例外与许可”，至于申请许可证的具体事由，英国财政部金融制裁执行办公室（OFSI）将定期予以公开。[③]《欧盟阻断条例》第 5 条第 2 款规定了例外豁免制度，而英国是严格禁止任何人违反阻断条例和反制裁法的。英国阻断法规定，未经英国国际贸易部授权，遵守外国制裁法（包括遵守基于外国制裁法产生的行政决定和司法判决）将构成刑事犯罪。这类豁免申请只限于如果不豁免会使当事人或本国利益严重受损。[④] 需要说明的是，如果被制裁国（受制裁影响国）当事人在制裁发起国成功申请许可证，是否会违反被制裁国（受制裁影响国）境内的反制裁公共政策，目前还有待深入探讨。

（二）仲裁裁决执行地成为他国初级制裁的目标国

当前，俄罗斯已成为遭受国际经济制裁最多的国家之一，对此，俄罗斯不仅出台了专门的反制裁立法，而且也通过法院对这类问题进行了认定。在遭受外国初级制裁时，部分当事人以情势变更为由主张变更合同中的争议解决条款。2020 年 2 月，在 Neighbours Drilling International Limited（NDIL）v. Instar Logistics（IL）案中，[⑤] IL 向俄罗斯法院申请，根据《俄罗斯民法典》第 451 条情势变更的规定，应当将 ICC 仲裁条款替换为俄罗斯法院管辖条款。一审法院批准

---

① Eco Swiss China Time Ltd. v. Benetton International NV, Case C-126/97 [1999] ECR I-3055.

② Soleimany v. Soleimany [1999] QB 785.

③ Office of Financial Sanctions Implementation, UK Financial Sanctions: general guidance, GOV. UK (August 2022), https://assets.publishing.service.gov.uk/government/uploads/system/uploads/attachment_data/file/1100991/General_Guidance_-_UK_Financial_Sanctions__Aug_2022_.pdf.

④ DIT, Protection of Trading Interests (Retained Blocking Regulation), GOV. UK (19 November 2020), https://www.gov.uk/guidance/protection-of-trading-interests-retained-blocking-regulation.

⑤ A40-149566/2019.

了该申请，认为由于美国的制裁，NDIL败诉的仲裁裁决在俄罗斯外的任何国家都是难以得到承认与执行的。此外，由于仓储服务合同的履行地是俄罗斯，因此必须根据俄罗斯国内的程序法［《俄罗斯联邦商事诉讼法》第36（4）条］来处理争议。因此，世界范围内唯一能使IL权利得到有效保护的国家是俄罗斯。莫斯科第九上诉商业法院维持了下级法院判决，允许用俄罗斯法院管辖条款取代ICC仲裁条款。照此逻辑，依照俄罗斯的国内法，俄罗斯法院对本案拥有专属管辖权。即便外国仲裁庭作出仲裁裁决，俄罗斯法院亦有权以仲裁裁决违反俄罗斯的程序性公共政策为由予以拒绝承认和执行。至于程序性公共政策，包括但不限于仲裁程序违反自然公正、未保障当事人平等行使辩论权等。

《俄罗斯联邦商事诉讼法》修改之后，如果当事人无视俄罗斯国内法院的专属管辖权，依然固执地在外国启动国际商事仲裁程序，则仲裁裁决将被视为违反俄罗斯的程序性公共政策。① 在PESA v. JSC Uraltransmash案中，JSC Uraltransmash公司援引《俄罗斯联邦商事诉讼法》第248条第1款和第2款，向俄罗斯法院申请反仲裁禁令，试图阻止PESA公司继续在SCC启动仲裁程序，并主张由于仲裁当事人受到美国和欧盟的经济制裁，俄罗斯法院对本案具有专属管辖权。2021年5月，俄罗斯联邦最高法院维持下级法院的决定，拒绝作出禁裁令。②原因是JSC Uraltransmash公司在这两年间积极参加SCC仲裁程序，任命了仲裁员，提交了文件还聘请了当地律师。对JSC Uraltransmash公司的制裁并不妨碍其履行对PESA公司的义务。2021年12月，联邦最高法院再次驳回了JSC Uraltransmash公司的申请。③

然而，这并不妨碍俄罗斯最高法院就《俄罗斯联邦商事诉讼法》第248条第1款、第2款的适用作出扩大解释：外国对俄罗斯的实体制裁影响了俄罗斯当事人的权利，将其置于与其他当事人不平等的地位。在这种情况下，有理由怀疑实施制裁的国家是否能公平地审理案件，因此被制裁者可以向俄罗斯法院申请禁诉令。这一规则在国际仲裁程序中也同样适用，即在实施制裁国家进行仲裁时，则可针对该仲裁程序申请反仲裁禁令。

（三）仲裁裁决执行地受外国次级制裁的影响

相比于俄罗斯，欧盟成员国主要受到次级制裁的不利影响。《欧盟阻断条

① 高晓力：《国际私法上公共政策的运用》，中国民主法制出版社2008年版，第228页。

② A60-36897/2020.

③ 309-ES21-6955（1-3）.

例》作为强制性规定，要求欧盟境内的主体不得遵守被阻断的美国制裁法。在伊朗梅利银行诉德国电信案中，欧洲法院深入探讨了《欧盟阻断条例》的适用问题。[①] 在该案中，伊朗梅利银行德国分行与德国电信公司签订了框架协议。后梅利银行被美国列入了经济制裁清单，德国电信公司遂停止交易的进行及合同的履行。《欧盟阻断条例》第5条规定，禁止欧盟境内的实体遵守该条例附件内列明的特定法律，也不允许根据此种法律采取的制裁行动以及适用此类法律作出的外国判决或裁决。本案最初在德国汉堡高级地区法院，后提交至欧盟法院作出先决裁决。2021年5月，欧洲法院佐审官 Hogan 发表了咨询意见，其认为，无论是否存在美国的行政或司法命令，任何遵守美国制裁法的行为都应受到欧盟阻断法的限制。[②]

结合以上案例可知，如果外国仲裁裁决认可并适用了美国经济制裁，此项裁决在欧盟难以得到承认与执行时，很可能会被视为违反欧盟的强制性规则乃至公共政策。特别是，《欧盟阻断条例》第4条明确规定，该条款可直接用于阻断外国仲裁庭的仲裁裁决的承认与执行。事实上，对于欧盟成员国而言，欧盟法具有直接效力，可予以优先适用。[③] 对成员国的国内法院而言，欧盟关于反制裁的命令，可视为国际公共政策而用于拒绝承认及执行外国仲裁裁决。

巴黎上诉法院于2020年审理的 Sofregaz v. Natural Gas Storage Company（NGSC）案中，对不同制裁发起者实施的经济制裁是否违背公共政策，采取了逐案分析的方式加以适用。[④] 在本案中，法国公司 Sofregaz（申请人）与伊朗公司 NGSC（被申请人）于2002年签订了一份天然气存储合同。随后由于联合国、欧盟和美国等相继对伊朗发起经济制裁，申请人无法继续获取银行对合同的担保，被申请人遂终止了合同。2014年，申请人依据合同中订立的仲裁条款将争议提交至国际商会仲裁院（ICC）仲裁，主张被申请人单方面终止合同的行为构成违约，应予赔偿。仲裁庭经审理，作出仲裁裁决，驳回了申请人的仲

---

① Paulette Vander Schueren et al., EU Top Court Issues First-Ever Judgment on the EU Blocking Statute Against US Sanctions, https://www.mayerbrown.com/en/perspectives-events/publications/2021/12/eu-top-court-issues-firstever-judgment-on-the-eu-blocking-statute-against-us-sanctions, August 26, 2023 last visied.

② 漆彤：《欧盟〈阻断法〉的适用困境及其对我国的启示——以伊朗梅利银行诉德国电信案为例》，载《财经法学》2022年第1期。

③ 邵景春：《欧洲联盟的法律与制度》，人民法院出版社1999年版，第77页。

④ Marie-Laure Bizeau, Sofregaz v. NGSC (CA Paris), in International Legal Materials, Vol. 60, Issue 2, p. 319.

裁请求。申请人于 2019 年向巴黎上诉法院申请撤销 ICC 仲裁裁决，理由是仲裁庭未考虑经济制裁对本案合同履行及争议解决的现实影响，违背公共政策。被申请人认为，联合国安理会的制裁决议在法国没有直接效力，只有欧盟或法国转化适用并另行采取的经济制裁措施才能被法国法院援引，否则仅可作为法律事实，不能被视为公共政策。2020 年 6 月，巴黎上诉法院驳回了申请人的撤裁申请，并认定：美国单边经济制裁的域外效力受到了法国和欧盟的抵制，因而不能被认定为公共政策；对于联合国和欧盟的制裁，可以构成公共政策，但对公共政策的违背必须达到实际（effective）、具体（concrete）和明显（manifest）。鉴于联合国和欧盟制裁并未直接、首要地针对涉案的合同，因而不构成对公共政策的违背。结合本案的案情及最终裁判结果可知，并非所有的经济制裁都可以被认定构成公共政策，且即便经济制裁被认定构成公共政策，还要审查是否违背以及在多大程度上违背了公共政策。在解决第一环节的问题上，需要明确，公共政策应限定为相关社会群体已经达成基本共识的政策领域，只有经济制裁的发起旨在实现某类已被认可的价值观时，才可以将经济制裁与公共政策相挂钩。从事实情况来看，在俄罗斯与乌克兰发生冲突后，截至 2023 年 6 月，欧盟通过了对俄罗斯的第 11 轮经济制裁。① 也正因如此，巴黎上诉法院在本案中认定，欧盟发起的经济制裁，在成员国的国内法院具有可适用性。需要特别说明的是，英国虽然曾经是欧盟的成员国，但现已完成脱欧程序，在认定欧盟的经济制裁时，既要考虑英国国内法（尤其是英国《贸易利益保护法》）关于反制裁和阻断的规定，又要考虑欧盟的对外政策，还要考虑欧盟立法文件中关于法律冲突的处理方式。英国法院曾有案例突出强调了外交政策的重要性，在此基础上对友好国家的经济制裁表现出尊重态度。② 有学者提出，鉴于欧盟成员国和英国之间的友好关系，英国法院在对待这类裁决的执行问题时，可能倾向于使欧盟制裁措施生效。③

从《纽约公约》在缔约国的司法适用来看，多数国家倾向于对公共政策的含义进行严格解释并予以限制性适用，当《纽约公约》第 5 条规定的其他事由

---

① Mayer Brown, European Union Publishes 11th Sanctions Package Against Russia, https://www.mayerbrown.com/en/perspectives-events/publications/2023/06/european-union-publishes-11th-sanctions-package-against-russia, August 26, 2023 last visited.

② Regazzoni v. Sethia [1958] AC 301.

③ Tamás Szabados, Economic Sanctions in EU Private International Law, Oxford University Press, 2021, p. 196.

足以用于拒绝承认及执行外国仲裁裁决时，则不再对公共政策展开讨论。[①] 这种做法，符合《纽约公约》确立的支持仲裁的价值取向。以美国为例，虽然其常常作为经济制裁发起国，但即便外国仲裁庭没有适用没有的经济制裁，美国法院也并不能轻易动用公共政策来拒绝执行此类裁决，只有仲裁裁决涉及的公共政策在效力层级上足够重要，以致可以凌驾于支持仲裁的联邦政策，法官才有可能适用公共政策。相比于美国，欧盟成员国的法院对欧盟发起的制裁、联合国发起的制裁、美国发起的制裁加以区分，对多边制裁和欧盟发起的制裁予以认可，对美国单边发起的次级制裁予以否定。此外，在欧美对外经济制裁的实践中，允许受制裁主体或者交易对方向制裁主管机关申请许可证，从而对特定财产免于制裁，使法院可以将此类财产予以执行，从而支付仲裁裁决确定的债务，在决定是否准予许可证时，主管机关总体上奉行包容审慎的态度。[②]

五、我国法院适用公共政策审查经济制裁的法律依据及完善方向

（一）我国法院审查涉经济制裁外国裁判的国内立法

近年来，我国加快推进涉外立法，以巩固国家主权、安全、发展利益，应对其他国家采取的单边经济制裁，维护我国国家、公民、法人的海外利益。2020年，我国先后颁布实施《不可靠实体清单规定》和《出口管制法》。2021年，我国又先后颁布施行《阻断外国法律与措施不当域外适用办法》（以下简称《阻断办法》）和《反外国制裁法》，这标志着我国的反制裁立法体系逐渐趋于完备。特别是，我国《阻断办法》和《反外国制裁法》授权法院拒绝承认及执行外国作出的有悖于我国国家主权、安全、发展利益的裁判[③]，这为反制裁立法的司法适用确立了依据。2023年通过的《对外关系法》和最新修正的《民事诉讼法》均含有与制裁和反制有关的内容。

1. 《对外关系法》关于执行联合国制裁和采取反制措施的条款

《对外关系法》第35条对我国政府部门如何执行联合国安理会制裁决议以及我国境内的个人、组织如何遵守联合国安理会制裁决议和我国制裁措施作出了明确规定。这部立法旨在统筹与经济制裁有关的国内法治和涉外法治，从立

---

① George A. Bermann, Recognition and Enforcement of Foreign Arbitral Awards: The Interpreatation and Application of the New York Convention by National Courts, Springer International Publishing, 2017, p. 59.

② 陈喆：《〈反外国制裁法〉豁免机制的体系构建》，载《学海》2023年第4期。

③ 钱振球：《论阻断法的司法适用》，载《中国应用法学》2022年第2期。

法层面为多边制裁决议在国内的实施提供了法治保障。但是，该条款的适用范围明确限定联合国安理会根据联合国宪章第七章采取的具有约束力的制裁措施和作出的决定，对于其他的经济制裁，不在此限。准确地讲，对于单边经济制裁的认定及反制，应当结合《对外关系法》第33条予以处理。该条款规定，对于违反国际法和国际关系基本准则，危害我国国家主权、安全、发展利益的行为，我国有权采取相应反制和限制措施。[①] 为了强化反制裁措施，国务院及有关部门将构建必要的规章制度和配套工作机制。从立法的宗旨和制度来看，有悖于我国国家主权、安全、发展利益的外国单边经济制裁，其适用效果应当加以否定。一方面，仲裁地位于我国境内的国际商事仲裁庭，以及仲裁准据法为我国法的国际商事仲裁庭，不应适用外国单边经济制裁审理案件实体争议；另一方面，一旦仲裁庭适用外国单边经济制裁作出了仲裁裁决，我国法院理应拒绝予以承认及执行。

2. 《民事诉讼法》关于外国法院判决的承认与执行的条款

《民事诉讼法》第299条和第300条，分别从正面和反面规定了我国法院承认及执行外国法院裁判的条件，其中均将外国裁判不损害国家主权、安全、社会公共利益以及不违反我国法律的基本原则作为审查内容。这意味着，一旦法院认定被请求承认及执行的外国裁判违反我国国家主权、安全、社会公共利益，应当拒绝予以承认及执行。经过对比可知，《民事诉讼法》在措辞上采用了“社会公共利益”的表述，不同于《对外关系法》中采用的“发展利益”的表述，二者在内涵上不完全一致。所谓“发展利益”，是公民必须予以捍卫的三大国家利益之一，其并列概念是国家的领土主权、安全利益，均属公法事项。相比之下，发展利益侧重于国家的长远发展和有序运转，突出体现为国家在经济、科技、文化等各个领域的发展中所意图实现的利益。[②] 所谓“社会公共利益”，在《民法典》《涉外民事关系法律适用法》等民商事立法中更为常用，用来指代社会上大多数成员的共同利益，如可持续发展、环境保护、数据安全、公共卫生、节能减排等，其对应概念往往是纯粹的私人利益，属于私法事项。[③] 但无论措辞如何，国家在经济制裁及反制裁方面的立场，既关乎政府未来长远

---

① 张乃根：《论“一带一路”视域下〈对外关系法〉的调整对象》，载《国际法研究》2023年第4期。

② 程华儿：《更好维护国家主权、安全、发展利益加快推进涉外法治建设》，载《中国司法》2022年第11期。

③ 兰楠：《个人信息保护法中的社会公共利益》，载《国家检察官学院学报》2023年第1期。

的发展利益，也关乎社会公众甚至公民个人在国际民商事交往中的利益。《民事诉讼法》将社会公共利益列为拒绝执行外国裁判的法定理由，既符合《纽约公约》等国际法规则的理念，也与《阻断办法》等国内立法的目的相契合。依据《阻断办法》，经阻断工作机制评估，商务部可以就存在不当域外适用情形的外国法律与措施（包括外国法院裁判）发布“不得承认、不得执行、不得遵守”的禁令，法院拒绝承认和执行有关外国法院裁判，存在充分的法律依据。在审查外国仲裁裁决的承认与执行申请时，鉴于《纽约公约》本身没有对公共政策给出界定，法院可以结合本国既往的判例予以阐释、裁量和适用。这意味着，就社会公共利益的解读这一问题而言，对外国法院判决的审查和对外国仲裁裁决的审查，并不存在本质差异。

（二）我国法院在涉制裁案件中对公共政策的阐释

2021 年 2 月，上海金融法院审理了一起当事人申请承认与执行新加坡仲裁裁决的案例，该案系我国司法机关首次处理与《阻断办法》相关的案件。[①] 但就裁判结果来看，法院最终没有认可承认及执行该仲裁裁决将违反《阻断办法》的抗辩。确切地讲，《阻断办法》关于外国法律不当域外适用的规定，与本案不具有直接相关性，被申请人并未向法院提供证据证明仲裁庭审理本案所适用的准据法属于《阻断办法》规定的禁令所不允许适用的法律。

2021 年 12 月，广州市中级人民法院对青岛某贸易有限公司（以下简称卖方）和广州某油品公司（以下简称买方）之间的合同纠纷案作出判决。该案涉及《反外国制裁法》和《阻断办法》的司法适用。本案中，买方通过公开途径查询，怀疑涉案交易的石油来源于被制裁国家，且卖方无法提供有效的原产地证明文件，于是买方单方面终止履行合同，卖方遂提起诉讼，要求确认买方单方面终止合同构成违约，应予以赔偿。买方则提起反诉，要求卖方支付违约金，理由是：双方在签订合同之际，合同附件 3 系卖方出具的《关于贸易制裁的声明和保证》，其中明确：在双方当事人开展货物买卖以及其他业务合作中，郑重声明、保证和承诺如下，并及时主动向买方提供相关最新信息：……本公司所提供的货物不属于来自伊朗、叙利亚、朝鲜、古巴、克里米亚地区和委内瑞拉的石油、石油产品或石化产品；……卖方违反本条上述声明或保证事项中的一项或几项的：（1）应自行承担全部法律责任以及货物风险；（2）应赔偿买方因

① 上海金融法院（2021）沪 74 协外认 1 号民事裁定书。

此而遭受的损失和支出的费用；（3）买方有权立即终止本合同，且有权拒绝向卖方付款，或不向卖方退还已收款项；（4）卖方如有意隐瞒相关管制货物的，应赔偿买方因此而遭受的损失。

在本案开庭审理过程中，卖方对采购合同以及附件 3 的效力提出异议，理由是违反我国反制裁和阻断法的规定。关于合同效力的问题，法院认定，涉案货物采购合同系双方当事人之间通过协商一致达成，出于真实意思表示，且内容上并未违反法律、行政法规的强制性规定，应属合法有效，双方当事人均应当按照合同的约定行使权利、履行义务。对于卖方提出的案涉合同附件 3《关于贸易制裁的声明和保证》违反了《反外国制裁法》和《阻断办法》、应属无效的主张，法院认为，首先，该声明和保证是双方签订合同时由卖方单方出具给买方的承诺，应视为卖方真实的意思表示。其次，该文件的主要内容是卖方承诺其所提供的货物不属于来自伊朗等国家的石油、石油产品或石化产品，不属于《反外国制裁法》和《阻断办法》所规范的内容。相关主张缺乏依据，故不予采纳。

（三）应合理协调公共政策与经济制裁的豁免机制

如前文所述，中方当事人可以通过申请许可证以继续履行合同义务。如能顺利取得许可证，则不成立对外国公共政策的违反。然而，如果中方当事人向美国申请许可证，是否属于违反我国《反外国制裁法》“不得执行或协助执行外国歧视性限制措施”的义务，这是值得探讨的问题。笔者认为，我国对这一问题的态度是“有限豁免”的。

从目的解释的角度出发，我国《反外国制裁法》的立法目的应当是第 1 条提到的“维护国家主权、安全、发展利益，保护我国公民、组织的合法权益”以及第 2 条提到的“维护以联合国为核心的国际体系和以国际法为基础的国际秩序，发展同世界各国的友好合作，推动构建人类命运共同体”。换言之，我国反制裁立法并不是为了惩戒某些遵循了外国制裁法的个人或组织。当外国当事人主张“公共政策例外”而拒绝承认与执行时，为避免中方当事人陷入我国反制裁法与外国制裁法双重管制的两难困境，《反外国制裁法》应当是合理放开了中方当事人向国内部门申请许可证前置审批通道的，也即允许当事人在不违背我国国家利益的前提下向外国申请许可证。

从体系解释的角度出发，《阻断办法》第 8 条“申请豁免遵守禁令”的效果是阻却了申请许可证的公司遵守外国制裁法行为的违法性。虽然《反外国制裁法》并没有像《阻断办法》一样设立豁免机制，但理论上这一制度是早就存在的，它同样可以阻却在《反外国制裁法》下的违法性，使相关组织和个人免于受到《反外国制裁法》的处罚。申言之，如果裁决认为债务人我国企业可以申请许可证继续履行，我国法院一般不会认为裁决违背我国公共政策而撤销。

六、结语

自由与安全是当代涉外法治发展进程中的两个重要价值取向，如果说商事仲裁裁决的跨国承认与执行是对当事人仲裁合意的尊重，那么反制裁、反干涉、反长臂管辖法律体系的构建则是对国家主权、安全与发展利益的维护。经济制裁对仲裁司法审查的挑战，折射出了国际关系与国际法之间的双向互动。通过本文的研究可知，无论是国际社会的普遍趋势，还是我国法院的司法实践，均秉持支持仲裁的政策立场，应审慎适用《纽约公约》中的公共政策。但是，审慎适用并不意味着在任何情形下皆不予适用，对涉制裁仲裁裁决的审查，应以维护国家主权和安全、保障我国的海外利益为立足点，当外国裁决明显违背我国的国家主权、安全、发展利益时，我国法院应当凝聚共识，必要时将公共政策作为拒绝执行外国裁决的依据，为全球治理体系的优化、公正合理国际秩序的形成持续贡献中国智慧。

（责任编委：田雨酥①）

① 中国国际经济贸易仲裁委员会国内案件处职员。

履行行为与合约的解释：《民法典合同编通则解释》第一条简评

彭先伟[*] 黄卓行[**]

摘　要：我国现行法律并未直接规定可以用履行行为去解释合约，最高人民法院发布的《关于适用〈中华人民共和国民法典〉合同编通则若干问题的解释》（以下简称《民法典合同编通则解释》）首次规定可以参考履行行为确定争议条款的含义。对于为何可以通过合同缔结后的履行行为解释合约，我国学界讨论不多，《民法典合同编通则解释》这一条也并未引起太多的讨论。本文分析了我国民事立法对合同/意思表示解释的相关规定，通过比较国外的法律实践，以及结合对国际公法相关规定的分析，认为通过履行行为去解释合约具有积极的价值意义，也具有现实的案例基础，这一新规定值得采纳。

关键词：合同解释　条约解释　履行行为　嗣后惯例

一、引言

2023年12月4日，最高人民法院发布了《民法典合同编通则解释》，其中第1条第1款规定："人民法院依据《民法典》第一百四十二条第一款、第四百六十六条第一款的规定解释合同条款时，应当以词句的通常含义为基础，结

---

* 彭先伟，北京德恒律师事务所合伙人，全国律协海商海事专业委员会副主任。

** 黄卓行，清华大学法学院法律（涉外律师）专业硕士研究生，研究方向为商法。

合相关条款、合同的性质和目的、习惯以及诚信原则，参考缔约背景、磋商过程、履行行为等因素确定争议条款的含义。”据此，当事人对合同条款的理解有争议时，司法机关和仲裁庭可参考履行行为进行解释。

从法规范分析的角度来说，《民法典合同编通则解释》这一规定是一个重要的制度创新，因为此前我国法律和司法解释并未直接明确规定可以用履行行为去解释合约。但是，为何要规定用履行行为去解释合约，此种解释方法是否有限制或例外情况，以及如何协调此种解释方法和其他现有民事行为法律相关规定之间的关系，《民法典合同编通则解释》并未给出更多的解释。从学术界对《民法典合同编通则解释》的解读或者反馈来看，对于这一重大的制度创新，也少有学者对此进行深入的研究分析。目前，笔者仅检索到通力律师事务所有律师写过一篇对此进行简要介绍的英文文章①。笔者认为，这一条创新的规则及其背后的法理、逻辑并未得到各界太多的重视，对其的研究并不足够。为此，笔者对此分析如下。

二、我国关于合同解释的立法变迁与司法实践分析

（一）我国关于合同/意思表示解释立法的演变过程

我国以往民法，包括《经济合同法》《技术合同法》《涉外经济合同法》，都没有一般性的关于意思表示解释或民事法律行为解释的规定，《民法通则》也并未规定意思表示的解释问题。这导致了司法实务中不统一的现象，例如有的偏向意思说，有的偏向表示说，甚至有的认为解释应跟着政策走，这种不确定性所造成的危害是不言而喻的②。

1993 年，我国开始准备统一合同法的立法。1994 年，就各单位起草的合同法草案及立法理由，专家统稿后将合同法建议草案提交全国人大法工委。在该草案之中，立法专家给了合同解释很大的关注，专门在第九章规定“合同的解释”，用了六个条文分别规定了真意解释、整体解释、目的解释、习惯解释、公平解释和诚信解释③。在 1996 年 6 月 7 日第三稿中，有意见指出合同的解释无

---

① Patrick Zheng，Charles Qin，PRC Supreme Court Admits Subsequent Conduct in Contractual Interpretation，http：//www. llinkslaw. com/uploadfile/publication/8_ 1552962650. pdf#：~：text = English%20common%20law% 20still% 20almost% 20entirely% 20prevents% 20reference， again% 20derives% 20from% 20the%20underlying%20common%20law%20philosophy.

② 龚英姿：《论我国合同解释的规范化》，载《法学评论》1997 年第 5 期。

③ 张广兴：《中华人民共和国合同法的起草》，载《法学研究》1995 年第 5 期。

须单独设置一章，建议合并为一条，即："当事人对合同条款的理解有争议的，应按照合同所使用的词句、合同的内容、当事人之间的交易习惯以及诚实信用原则，确定该条款的真实意思。该条款可以作两种或两种以上的解释时，应当以符合合同目的的解释为准。"

最终，《合同法》第 125 条第 1 款规定："当事人对合同条款的理解有争议的，应当按照合同所使用的词句、合同的有关条款、合同的目的、交易习惯以及诚实信用原则，确定该条款的真实意思。"《合同法》第 125 条是我国合同立法中第一次确认合同解释制度，其填补了我国立法在合同解释方面的空白，也为法院和仲裁庭提供了合同解释的基本准则和依据。除此之外，我国《合同法》第 60 条、第 61 条及第 62 条还规定了合同漏洞填补的具体方法，形成了较为完善的合同解释法律体系。

从立法的过程来看，我国《合同法》对合同解释规则的规定并未受到太多挑战，学界对此也并无太多异议。但是，《合同法》的规定只是关于合同的解释问题，而不是关于意思表示的一般性解释规则。在随后起草《民法总则》过程之中，有学者对是否要制定意思表示或法律行为解释的一般性规定提出了质疑，但张驰教授从我国民事法律行为的立法体例出发，认为应在民法总则中统一规定意思表示解释规则。最终，关于制定意思表示解释的一般性规则获得了认可①。对此，《民法总则》第 142 条规定："有相对人的意思表示的解释，应当按照所使用的词句，结合相关条款、行为的性质和目的、习惯以及诚信原则，确定意思表示的含义。无相对人的意思表示的解释，不能完全拘泥于所使用的词句，而应当结合相关条款、行为的性质和目的、习惯以及诚信原则，确定行为人的真实意思。"

《民法典》第 142 条完全吸收了《民法总则》第 142 条，其规定："有相对人的意思表示的解释，应当按照所使用的词句，结合相关条款、行为的性质和目的、习惯以及诚信原则，确定意思表示的含义。"从全国人大法工委编撰的《民法典立法背景与观点全集》一书来看，立法之中对这一条规定本身并没有太多的修改和讨论。

《民法典》第 466 条第 1 款规定："当事人对合同条款的理解有争议的，应当依据本法第 142 条第 1 款的规定，确定争议条款的含义。"因此，我国《民法

---

① 朱晓喆：《意思表示的解释标准——〈民法总则〉第 142 条评释》，载《法治研究》2017 年第 3 期。

典》下合同解释的依据主要指向《民法典》第 142 条。不过，与其他条款规定不一样的是，《民法典》第 466 条第 2 款规定："合同文本采用两种以上文字订立并约定具有同等效力的，对各文本使用的词句推定具有相同含义。各文本使用的词句不一致的，应当根据合同的相关条款、性质、目的以及诚信原则等予以解释。"《民法典》第 466 条第 2 款与《民法典》第 142 条规定不一样的是，其使用了一个"等"字。关于立法之中的"等"字，在最高人民法院指导案例 6 号中，法院裁判要旨认为："法律条文中的'等'系不完全列举，应当包括与明文列举的类似的其他情形。"据此，似乎可以看出，就合同文本采用两种以上文字订立时的解释问题，我国法律允许采取更广泛的解释依据。反过来讲，从这个"等"字可以看出，就非格式条款的解释似乎意味着法院不能超越《民法典》第 466 条第 1 款，以及其所指向的《民法典》第 142 条的范围。从这个角度上来说，履行行为似乎不能用于非格式条款的解释。

总的来说，从《合同法》以及《民法典》的规定来看，其明确规定可以用于解释合约的依据并不包括履行行为。但是，从理论上讲，这里的"合同的目的、交易习惯以及诚实信用原则"也可能指向合约履行行为。例如，在宁波睿奇智威信息科技有限公司与浙江快发科技有限公司等侵害计算机软件著作权纠纷上诉案中，法院认为①：本案争议焦点主要在于涉案合同约定的开发软件内容是否包括属于线下门店中安装于安卓机器的涉案争议软件。最终，法院认为案涉争议的快剪购票机软件是双方软件开发合同项下的软件，其理由之一为："依托缔约目的验证争议条款的真实含义……被告快发公司深度参与了该讼争软件的开发，如果不是出于认为此软件当属合同项下一部分的认知，被告当时此种深度参与行为不具有合理性。"从这里可以看出，法院实际上是从缔约目的角度，通过当事人的合同履行行为去解释合同。因此，虽然我国法律并未明确规定，但似乎可以通过其他原则将履行行为纳入合同解释的依据。

（二）我国学界与司法实践关于合同/意思表示解释的观点

从我国学界的讨论来看，很多学者都提出过可以用履行行为来解释合约。例如，崔建远教授提出，解释合约应全面考虑与交易有关的环境因素（情事），包括交易过程、履行过程，但明示条款优先于默示条款或随后行为（合约签订

① 马洪、洪婧：《合同解释与变更的认定和应用》，载《人民司法·案例》2021 年第 2 期。

后的履约行为)[①]。再如，王利明教授认为[②]，基于整体解释的原则，解释合约是要综合考虑当事人订约的背景情况，以及缔约前交往过程和履约过程等。张金海教授从当事人的合理期待角度出发提出[③]，在认定当事人的真实意思时，应考虑前期磋商、当事人之间已经确立的习惯做法、当事人在缔约后的行为等因素。虽然学者们提出过用履行行为去解释合约，但大多对此并无更多的分析，似乎认为这是不言而喻的。

但是，也有学者持不同意见。例如，杨代雄教授认为[④]，在规范性解释中不应考虑的是当事人在缔约后的行为，因为其并非理性人身处其中的交易情境。李建伟教授认为[⑤]，2019 年《全国法院民商事审判工作会议纪要》提出穿透式审判思维后，有法院以金融政策为导向，绕开合同内容，以履行行为界定合同性质，实有倒因为果之嫌。

从法理上讲，《民法典》第 142 条的规定是对意思表示（法律行为）的解释，其规定用“行为的性质”去解释意思表示（法律行为）是合理的。但是，法律行为不限于合同行为，似乎不能因为《民法典》第 142 条的规定，就当然地推定可以用合同履行行为去解释合同。而且，合同履行行为似乎主要是用于判断当事人是否存在违约行为，或者履行行为往往被解释为对合同的变更，而不是用于解释合约本身。

例如，在张家港广聚源置业有限公司、江苏久合产业发展有限公司等合资、合作开发房地产合同纠纷案中，最高人民法院（2022）最高法民再 104 号判决书认为：“当事人的一系列会议纪要和决议，均应视作已通过实际履行行为变更了《合作协议》所约定的时间节点。”在海天建设集团有限公司与云南建展房地产开发有限公司建设工程施工合同纠纷案中，最高人民法院（2018）最高法民终 659 号裁定书认为：“在合同实际履行中，双方均未严格按照合同的约定支付款项。双方当事人的实际履行行为已经变更了支付工程款条件的约定。”在山西金晖煤焦化工有限公司、李某合同纠纷案中，最高人民法院（2016）最高法民终 641 号判决书认为：“在合同约定解除条件成就的情况下，李苏、张瑞的上

---

① 崔建远：《合同解释规则及其中国化》，载《中国法律评论》2019 年第 1 期。

② 王利明：《合同法研究：第一卷修订版》，中国人民大学出版社 2011 年版，第 475 页。

③ 张金海：《论意思表示解释中的“知道与可以合理地期待知道规则”》，载《政治与法律》2016 年第 4 期。

④ 杨代雄：《意思表示解释的原则》，载《法学》2020 年第 7 期。

⑤ 李建伟：《融资性贸易合同的定性及效力规制研究》，载《法学评论》2023 年第 3 期。

述行为足以使金晖公司有正当理由信赖其不再行使合同解除权，而愿意继续履行合同。双方以实际履行行为变更了《承包协议》第七条第四项关于合同解除的约定。”在最高人民法院发布的2022年度全国法院十大商事案件之九“深圳市衣支米食品科技有限公司与讷河新恒阳生化制品有限公司破产债权确认纠纷案”中，最高人民法院就此提炼出裁判要旨为：“当事人一方依据合同主要条款主张权利，对方以合同履行与合同约定的主要条款不一致抗辩的，应以实际履行行为确定双方之间的权利义务关系。”在以上案件之中，履行行为被视为合同的变更，而不是用于合约的解释。

但是，司法实务之中也有法院将履行行为作为合同解释的依据。例如，在中金产权交易有限公司、黑龙江东方学院合同纠纷二审案中，最高人民法院（2020）最高法民终368号判决认为：“从本案中金公司与东方学院自签订《产权转让合同》直至东方学院终止合同至发生争议之前的合同履行过程来看，双方当事人的真实意思亦为转让划拨土地使用权，而非其地上建筑物，更非该建筑物的收益权。”在北京市求实职业学校、北京惠东合科技发展有限公司合资、合作开发房地产合同纠纷案中，最高人民法院（2017）最高法民申963号民事裁定书认为：“根据《合作协议》关于惠林联合公司愿将由《合作建房协议》中所得标的的20年使用权有偿转让给华诚博远公司使用经营以及双方对可能发生的超出4000平方米部分面积的计费标准的约定，转让案涉房屋整体的使用权系双方真实意思表示。在之后的实际履行中，惠东合公司将案涉房屋整体出租给案外人，亦在事实上对房屋进行了整体经营。由此，二审判决认定《合作协议》的约定系就房屋整体而言并无不当。”在成都讯捷通讯连锁有限公司与四川蜀都实业有限责任公司、四川友利投资控股股份有限公司房屋买卖合同纠纷再审案中，最高人民法院（2013）民提字第90号判决书认为：“对于当事人之间存在预约还是本约关系，不能仅凭一份孤立的协议就简单地加以认定，而是应当综合审查相关协议的内容以及当事人嗣后为达成交易进行的磋商甚至具体的履行行为等事实，从中探寻当事人的真实意思，并据此对当事人之间法律关系的性质作出准确的界定。结合双方当事人在订立《购房协议书》之后的履行事实，蜀都实业公司与讯捷公司之间已经成立了房屋买卖法律关系。”由上可见，在这三个案例中，最高人民法院将履行行为作为当事人的真实意思表示的解释依据。

因此，从我国法院司法实践来看，履行行为既可以作为合同变更的依据，也可以作为合同解释的依据。从这个角度来说，《民法典合同编通则解释》第 1 条的规定具有实践基础。

三、比较研究

（一）国际公约与惯例的观点

我国《合同法》很大程度上借鉴了《联合国国际货物销售合同公约》（United Nations Convention On Contracts For The International Sale of Goods，CISG），因此可以从 CISG 的角度去分析该如何解释合约。CISG 第 8 条第 3 款规定：“在确定一方当事人的意旨或一个通情达理的人应有的理解时，应适当地考虑到与事实有关的一切情况，包括谈判情形、当事人之间确立的任何习惯做法、惯例和当事人缔约后的行为（subsequent conduct of the parties）。”对此，有专家解释指出，之所以这么规定，是因为缔约之前和之后的行为，可以用于显示当事人的真实缔约意图①。

在巴塞尔大学发布的 CISG 相关案例数据库之中，关于 CISG 第 8 条第 3 款有 20 件案例。其中，在 Transmar Commodity Group Ltd. v. Cooperativa Agraria Industrial Naranjillo Ltda. 案中，美国第二巡回上诉法院认为②：“地区法院主要是依据合同文本来解释合约，这是错误的。其应该考虑外部证据，包括当事人的谈判过程，以及缔约后的行为。”在 Shuttle Packaging Systems，L. L. C. v. Jacob Tsonakis，INA S. A.，et al. 案中，美国密歇根地区法院认为③：“根据 CISG 公约第 8 条第 3 款规定，本公约不受口头证据规则的限制（parol evidence rule），合同的解释可以基于当事人在缔结合同之前以及之后的行为去解释。”在釜山法院审理的 2009GaHap26384 号案中，韩国 A 公司作为中间人，协助中国 X 公司（卖方）和韩国 Y 公司（买方）进行钢材交易。由于 Y 公司不支付货款，X 公司对其提出诉讼，Y 公司则抗辩认为 A 公司才是 X 公司的交易相对方，其不应

---

① Stefan Kro ll et. al.，(eds)，UN Convention on Contracts for the International Sale of Goods (CISG)：A Commentary，2nd ed. 2018，Hart Publishing，p. 150：Any previous negotiations as well as the subsequent conduct of the parties may show what they understood in their respective declarations of intent.

② Transmar Commodity Group Ltd. v. Cooperativa Agraria Industrial Naranjillo Ltda.，https：//cisg-online. org/files/cases/8974/fullTextFile/3060_ 65711731. pdf.

③ Shuttle Packaging Systems，L. L. C. v. Jacob Tsonakis，INA S. A.，et. al.，https：//www. unilex. info/cisg/case/ 732.

承担货款责任。对此，韩国釜山地方法院认为[①]：合约的解释需要考虑所有相关的背景情况，包括当事人缔约后的行为。本案Y公司是合同相对方，因为其在所有的三份合约之中被命名为买方，Y公司从X公司接收货物，并以其自己名义支付货款给X公司，而且在本次诉讼开始之前从未对支付货款提出异议。

同时，《国际商事合同通则》（PICC）作为国际统一私法潮流的代表，在中国引起了立法者、司法者以及学者的高度重视，对于中国合同法的发展也产生了巨大的和积极的影响[②]。因此，也可以从PICC的角度去探寻合约解释方法。PICC第4.3条（相关情况）规定，解释合约可以考虑的所有情况，包括：（a）当事人之间的初期谈判；（b）当事人之间已确立的习惯做法；（c）合同订立后当事人的行为（the conduct of the parties subsequent to the conclusion of the contract）。对此，有评论指出：之所以要采用合同订立后当事人的行为来解释合约，是因为很多国际公约以及国内法都如此规定。缔约后的行为（subsequent behavior）可能并不证明当事人最初的意图，而且可能和当事人缔约时的意图是相反的，但是通过这些行为可以推出当事人的初始意图，尤其是关于当事人是否愿意接受合同的约束[③]。

（二）域外相关法律的观点

1. 英美法系

在英国，早期的法律和判例中奉行严格解释主义。英国法院传统的观点认为不能用缔结合同后的行为来解释合约，此种证据也是不可接受的（inadmissible）。法官就如同一本“活的法律词典”，机械地按照合同条款在语法上的含义进行解释，拒绝寻求外在的帮助，也拒绝填补任何空白[④]。在美国，《美国合同法第一次重述》第230节亦明确规定：“法院首先会判断合同文本有无歧义，若从其表面看意思清晰完整，解释便到此为止，而不允许当事人引入外部证据

① Case 1567, Original in Korean Unpublished Abstract, prepared by Haemin Lee, https://cisg-online.org/files/cases/8689/abstractsFile/2775_ 90419798.pdf.

② 韩世远：《〈国际商事合同通则〉与中国合同法的发展》，载《环球法律评论》2015年第6期。

③ Stefan Vogenauer, Commentary on the UNIDROIT Principles of International Commercial Contracts (PICC), 2nd Edition, Oxford University Press, 2015, p. 590.

④ ［美］A. L. 科宾：《科宾论合同》（上册），王卫国等译，中国大百科全书出版社1997年版，第621页。

(extrinsic evidence) 来证明其实自己另有所图。”[①]

例如，在英国法院审理的 James Miller & Partners Ltd. v. Whitworth Street Estates (Manchester) Ltd. 案[②]中，法院认为，合同签订后的行为证据不得用于协助解释完全书面化的合同，此种证据不能被接受 (inadmissible)。对此，Reid 法官也指出：“现在已经确定的是，在解释合同时，将双方在合同订立后所说或所做的任何事情作为辅助手段是不合法的。否则，可能会出现以下结果：合同在签署当天是一个意思，但由于后来的事件，一个月或一年后的意思就不同了。”在英国最高法院审理的 Arnold v. Britton (2015) 案中，Lord Neuberger (英国最高法院前院长) 重申，只有在缔结合同当时当事人所知道的事实才是可用于解释合约的[③]。对此，有观点认为这是为了维护合约的稳定性，否则合约的意思将随着当事人的行为而摇摆不定。在三叉戟中心诉康涅狄格大众人寿保险公司案之中，美国第九巡回区上诉法院也强调[④]：当合同的语言清晰明了地表明了当事人的意思时，不应再采用外部证据解释合同。采纳这样的规则的重要理由是，这样做更有利于保障交易的安全。

从 20 世纪 30 年代开始，在英美现实主义法学运动的影响下，合同解释制度从文本主义向语境主义演进[⑤]。根据《布莱克法律词典》，合同解释的语境规则 (contextualism) 指“法院可采取的依据外部证据来确定合同的意旨含义的准则，即使是合同文本自身的语词是清晰和明确的情况下法院也可能采用”。“合同语境解释规则”引入了外部证据 (extrinsic evidence) 以助法官考察合同交易的整体背景、确定合同双方的真实意思，外部证据中就包括了合同当事人订立

---

① 卢志强：《英美法合同解释制度的历史变迁及发展革新》，载《深圳大学学报》(人文社会科学版) 2020 年第 5 期。

② Whitworth Street Estates (Manchester) Ltd. v. James Miller & Partners Ltd. [1970] AC 583, 603, HL

③ Arnold (Respondent) v. Britton and others (Appellants), para. 21: When interpreting a contractual provision, one can only take into account facts or circumstances which existed at the time that the contract was made, and which were known or reasonably available to both parties.

④ 王军、戴萍：《美国合同法案例选评》(第二版)，对外经济贸易大学出版社 2006 年版，第 257-264 页。

⑤ 卢志强：《英美法合同解释制度的历史变迁及发展革新》，载《深圳大学学报》(人文社会科学版) 2020 年第 5 期。

合同之后的后续行为[①]。法院在审理过程中注重考察合同的周围情事（surrounding circumstance），即合同缔结和履行过程中的所有相关情况，包括当时的法律状况，以及合同的全部书面文件、当事人双方的口头陈述、能表明当事人意图的各种行为、当事人双方的交易过程、谈判过程和履约过程等[②]。对此，学者给出的观点是，如果双方在达成协议后的行为表明他们从一开始就对合同作出了特定的解释，那么法院为什么要忽视这一高度相关的证据呢？毕竟，证据可能表明当事人自己是如何解释该协议的[③]。

例如，在新西兰最高法院于2021年7月审理的Bathurst Resources Ltd. v. L & M Coal Holdings Ltd.[④]一案中，合同双方签订的煤炭开采权销售合同第3.4条（关于付款条件）约定："第一批25000吨货物从矿区运出之后付款。"双方争议在于如何理解该条约定的"装运"（shipped from the Permit Areas）一词，以及当煤炭从矿区运出（transported from the mine）但没有装到船上时是否触发了买方的付款义务。L & M提出：Bathurst 2014年、2015年和2016年财务报表、年度报告都承认煤的开采和销售已经触发（或将触发）履约付款。新西兰最高法院赞成这样的解释，并认为，协议文本中的"从许可区域运送"（shipped from the Permit Areas）可以解释为"transported from the permit areas"，不需要以装上船舶运输为条件。新西兰最高法院也进一步指出：原则上，在解释合同时，双方在合同前的谈判和合同后的行为都可以作为可采证据被接受。如果当事人在合同签署后的行为可以作为当事人在订立合同时如何理解合同条款的证据，那么该行为就有可能是与案件相关并且可接受的。同时，新西兰最高法院也进一步阐明，仅合同一方的想法与理解是不可接受的，只有缔约后双方共同的行为可直接作为解释合同的依据，单方的行为往往可能是构成禁止反言（estoppel）。此外，新西兰最高法院认为，法院不应随意用后续行为来解释合约，因为合同订立后的行为在大部分情况下无助于法院解释当事人在订立合同时的客

① Bryan A. Garner, Black's Law Dictionary, Standard Ninth Edition. State of Minnesota, West Group, 2009, p. 362: The principle that a court may look to extrinsic evidence to determine the intended meaning of a contract, even though the language itself is clear and unambiguous. The court may consider (1) the subject matter and purpose of the contract, (2) the circumstances surrounding the making of the contract, (3) the subsequent conduct of the parties to the contract.

② ［美］范斯沃斯：《美国合同法》（第三版），葛云松等译，中国政法大学出版社2004年版，第468页。

③ Catherine Mitchell, Interpretation of Contracts, 2nd ed., Routledge, 2019, p. 84.

④ SC 29/2020 [2021] NZSC 85

观意图。而且，如果签订合同时是由公司的某人进行，执行合同的时候是另一部分人，则会带来的问题是用履约行为也很难去印证当事人缔约时候的意图。

2. 大陆法系

与英美法系不一样的是，大陆法系并没有外部证据（extrinsic evidence）不可以采用的规则，其更多的是强调解释合约是要探究当事人真实合意的内容，因此并不排除用当事人缔约前后行为去解释合约。例如，修订之前的《法国民法典》第 1156 条规定："解释契约时，应探求缔约当事人的共同意思，而不拘泥于文字的字面意思。"法国最高法院第三民事庭于 1971 年 2 月 5 日在一份判决中指出[①]：法官应当从当事人的用语以及合同订立之后任何足以表明当事人意思的行为表现去查找缔结合同的各方当事人的真实意思。2016 年《法国民法典》之中关于债法的内容进行了修订，其第 1188 条保留了原第 1156 条的规定，并进一步规定[②]："如果通过此种解释无法查明当事人的共同意图，则按照他人在合理的位置、相同的情景下的看法去解释。"对此，有法国学者表示[③]：法国法院可以采用外部证据来解释合约，包括当事人在缔约之前以及缔约之后的行为。

德国通说认为，合同是当事人的自治规范，由此可以根据当事人在合同中体现出来的评价来进行补充。根据《德国民法典》第 133 条的规定，在解释意思表示时，必须探究真意，不得拘泥于表达的字面含义。德国权威的法学家拉伦茨认为，基于双方合理期待或者可接受的利益衡量的"假定的当事人意思"，作为补充解释的标准是合理的。内心真意首先是决定性的，外在表示只有在满足特定要件时才具有优先性，当事人履行合同的行为也可以作为当事人内心真意的证据[④]。

---

① ［法］弗朗索瓦·泰雷：《法国债法：契约篇》（下），罗结珍译，中国法制出版社 2018 年版，第 876 页脚注 1。

② French Civil Code 2016, Art. 1188 (November 12, 2023), https://www.trans-lex.org/601101/_/french-civil-code-2016/ -A contract is to be interpreted according to the common intention of the parties rather than stopping at the literal meaning of its terms. Where this intention cannot be discerned, a contract is to be interpreted in the sense which a reasonable person placed in the same situation would give to it.

③ Ahmet Cemil Yildirim, Interpretation of Contracts in Comparative and Uniform Law, Kluwer Law International, B. V., 2019, § 3.02.

④ 耶尔格·诺伊尔著：《合同解释、合同补充与合同修正》，时军燕译，载《法律方法》2019 年版第 4 期。

《俄罗斯联邦民法典》第431条（合同解释规则）第1款也规定①："法院在解释合同时，应考虑合同所使用的文字的文义。如果文字约定不清楚的，则需要比较其他约定，从整体上去解释。"第2款规定："如果用第一款的办法无法确定合同的内容的，则应该去探寻当事人真实的意图。"为此，法院可以考虑所有相关的情况，包括交易谈判过程、当事人之间的交易惯例、当地的交易习惯，以及当事人缔约后的行为。

1996年6月，欧洲合同法委员会第八次会议通过了《欧洲合同法原则》（Principles of European Contract Law）。其第五章（合同的解释）第5-102条（相关情况）规定②：在解释合同时，应当特别考虑到以下情况，包括当事各方所为的行为，即便是合同订立后双方的行为。就此，2007年发布的《欧盟民法典草案》（Draft Common Frame of Reference）第II.8-102条和《欧洲合同法原则》第5-102条③的规定完全一致。虽然《欧洲合同法原则》和《欧盟民法典草案》只是民间起草的作为参考的软法（soft law），但其大致也能反映欧洲学者对此的看法。

在亚洲，许多国家法律也规定可以用合同履行行为去解释合约。例如，1960年《韩国民法典》并未规定合约解释问题，但是实务中韩国法院也采纳当事人缔约后的行为（conduct of the parties before or after the conclusion of the contract）去解释合同④。再如，2015年《越南民法典》第404条规定⑤：合同条款

---

① P. B Maggs and A. N. Zhiltsov, Civil Code of the Russian Federation, NORMA Publishers, 2003, p. 294: If the rules contained in the first part of the present Article. do not al-low the: determination of the content of the: contract, the real : common: will of the parties must be ascertained taking into account the purpose of the contract. In such a case, all surrounding circumstances shall: be taken into account, including negotiations and correspondence preceding the: con-tract, the practice established in the relations of the parties, the mutual customs of commerce, and the subsequent conduct of the parties.

② Principles of European Contract Law-PECL, https: //www. trans-lex. org/400200/_ /pecl/.

③ Study Group on a European Civil Code, Principles, Definitions and Model Rules of European Private Law Draft Common Frame of Reference (DCFR) Outline Edition, Sellier. European Law Publishers GmbH, 2009, p. 216.

④ KWON Youngjoon, Contract Interpretation under Korean Law, in Mindy Chen-Wishart & Stefan Vogenauer (ed.), Contents of Contracts and Unfair Terms, Oxford University Press, 2020, p. 218.

⑤ 2015年《越南民法典》（英文版）可见于：http: //www. economica. vn/Content/files/LAW%20%26%20REG/91_ 2015_ QH13%20Civil%20Code. pdf 。其第404条英文为：Where a contract contains terms and conditions which are unclear, the interpretation of such terms and conditions shall be based not only on the wording of the contract but also on the intentions of the parties which are expressed before and at the time of preparation and performance of the contract.

约定不清楚的，解释合同时不能只看合同条款，而且要看当事人在签约之前和签约当时表现出来的意图，以及履约过程之中表现出来的意图。《菲律宾民法典》第1371条也规定[①]，为了探寻当事人的缔约意图，可以用签订合同当时以及其后的行为去进行解释。

（三）国际公法下的解释规则

《维也纳条约法公约》第31条规定了条约解释的一般规则，其中第3款规定："应与上下文一并考虑者尚有：（a）当事国嗣后所订关于条约之解释或其规定之适用之任何协定；（b）嗣后在条约适用方面确定各当事国对条约解释之协定之任何惯例。"因此，就国际条约这种特殊的合同而言，对其之解释可以参考缔约国之间事后签订的协议（subsequent agreement）以及嗣后惯例（subsequent practice）。之所以如此规定，联合国国际法委员会解释指出："作为解释的一个要素，此种嗣后惯例在适用条约方面的重要性十分明显？因为它构成有关缔约国对条约意义的理解的客观证据[②]。"

关于这里的惯例（practice），有评论指出其包括所有积极的行为，不论是书面的还是口头的。例如，基于公约制定国内法，执行公约，其核心在于这是一种国家之间的持续性需求与反馈的互动（process of continuous interaction, of continuous demand and response between states）[③]。对此，张东平教授就将依赖条约缔结后一段时间内当事方的后续实践行为的解释方法称为"实践解释"[④]。也有学者表示[⑤]："行为赋予词语含义。因此，缔约方的一致贯行（concordant practice）是其对条约正确解释的最好证据。"

2016年联合国发布的《国际委员会报告》中，将嗣后惯例（subsequent practice）定义为：（1）条约缔结后确定各缔约方对条约的解释意思一致的适用条约的行为；（2）条约缔结后一个或多个缔约方适用条约的行为。从行为的角度来说，《维也纳条约法公约》意义上的嗣后惯例实质上就是一方或多方缔约

---

① 《菲律宾民法典》（英文版）可见于：https://officialgazette.gov.ph/downloads/1949/06jun/1949-0618-RA-0386-JPL.pdf。其第1371条英文为：In order to judge the intention of the contracting parties, their contemporaneous and subsequent acts shall be principally considered。

② 联合国国际法委员会：《1966年国际法委员会年鉴》（第二卷），A/6309/Rev.1号文件，第221页，第15段。

③ Irina Buga, Modification of Treaties by Subsequent Practice, Oxford University Press, 2018, p.24.

④ 张东平：《WTO司法解释论》，法律出版社2005年版，第93-94页。

⑤ Richard K Garadiner, Treaty Interpretation, Oxford University Press, 2008, p.225.

国的履约行为。换句话讲，既然国家之间的履约行为可以作为国际条约的解释依据，那么普通合同当事人之间的合同履行行为应该也可以作为合约解释依据，但是此种行为要属于缔约方的一致贯行（concordant practice）才行。这意味着《维也纳条约法公约》也区分了条约解释与条约修改，嗣后惯例若是构成对条约的变更，则不能适用《维也纳条约法公约》第31条第3款的规定。

在嗣后惯例与其他解释方法的权重比较上，联合国国际法委员会结论草案认为嗣后协定和嗣后惯例与条约用语的通常含义、这些用语的背景以及条约的目的和宗旨一样，对解释过程具有同等重要性。条约适用方面的嗣后协定和嗣后惯例是解释的手段，可以为解释者提供有用的指示。它们在与条约用语的“背景”互动时，也可能有助于解释条约，并有助于澄清条约的目的和宗旨。《维也纳条约法公约》第31条（a）、（b）、（c）款列出了权威解释的手段，其中条约缔约方达成的协议发挥着关键作用。这些“协议”是由条约的其他缔约方商定的，包括后续行为（subsequent conduct）。这种解释反映了所有缔约方通过条约以外的方式就条约的解释达成的协议。因此，嗣后惯例作为解释方法具有说服力。

从国际公法的司法实践来看，条约缔约后的嗣后惯例（subsequent practice）或者嗣后行动可以作为条约解释的依据。例如，在洪都拉斯和尼加拉瓜领土争议案之中，洪尼两国在1894年10月7日缔结了《加默兹——博尼拉条约》，同意设立一个混合边界委员会负责划分两国之间的界线。由于划界之中产生争议，两国选择西班牙国王为独任仲裁人。1906年12月23日，西班牙国王作出裁决，肯定了混合委员会所确定的边界。尼加拉瓜则请求国际法院判断该仲裁裁决无效，其理由之一是：《加默兹——博尼拉条约》的签订日为1894年10月7日，该日期即为条约生效的日期。根据条约第11条规定，条约于10年后，即1904年10月7日失效。西班牙国王同意作为仲裁员的时间是1904年10月17日，即条约失效10天之后，因此裁决无效。对此，联合国国际法院没有认可，理由是[①]：该条约并没有关于何时生效的明示条款，在综合考虑第8条、第9条和第10条之后可以看出，缔约双方的意图是条约在交换批准书时生效，双方之后的行为也印证了这一观点（双方于1904年10月2日才指定仲裁员、尼加拉瓜在仲裁中没有提出异议等）。因此，条约到1906年12月24日才失效，西班牙国

① Case concerning the Arbitral Award made by the King of Spain on 23 December 1906, Judgment of 18 November 1960; I. C. J. Reports 1960, p. 192.

王于 1904 年 10 月 17 日接受作为仲裁员时仍在条约的有效期间内。再如，在印度尼西亚和马来西亚关于利吉丹岛和西巴丹岛的主权争端案之中，联合国国际法院进一步强调[①]：条约解释必须在该条约所有文本的基础上作出。条约的准备工作与缔结的情况，以及缔约国的嗣后行动，可以作为条约解释的补充依据。

四、结语

虽然立法上我国并未明确规定履行行为可以用于解释合约，学术界对此也很少有深入的讨论，《民法典合同编通则解释》首次明确提出了参考履行行为确定争议条款的含义，是我国立法在合同解释上的一大进步。笔者支持此种做法，理由是：首先，从价值衡量来看，合同双方在履行合同时的行为，可以为合同解释提供有用的信息，双方的态度也会显示出其对于合同中特定条款的解释和理解。其次，参考实际履行解释合同亦是从维护善意相对人合理信赖保障交易安全的立场，从意思表示受领人的角度出发，有利于提高商事效率、定分止争。最后，用履约过程等外部证据来解释合同文本，其有利于克服法律解释上的形式主义带来的机械、僵化解释问题。

当然，在适用履行行为去解释合约的时候也要进行严格的审查，即该履行行为是基于双方达成的共识，而非合同一方单独的想法与理解[②]。对此，笔者建议可以参考美国加州法院给陪审员的指引。加州法院给陪审员的《加州陪审员指引（2023 年版）》［California Civil Jury Instructions（CACI）（2023）］第 318 条规定：“在决定合同中的文字对当事人意味着什么时，可以考虑在合同订立后，在当事人之间出现任何分歧之前，当事人是如何行事的。”[③] 也就是说，只有当事人之间出现任何分歧之前的履行行为才可以用于解释合约，出现分歧之后的则不可以。在洪某凤与昆明安钡佳房地产开发有限公司房屋买卖合同纠纷案之中，我国最高法院（2015）民一终字第 78 号判决书[④]也认为：“仅可在确有充分证据证明当事人实际履行行为与书面合同文件表现的效果意思出现显

---

① 张乃根：《论 WTO 争端解决的条约解释》，可见于 http：//ielaw. uibe. edu. cn/wtoflzdyj/6496. htm。

② E. Allan Farnsworth, Farnsworth on Contracts, New York：Aspen Publishers, 1990, p. 244.

③ In deciding what the words in a contract meant to the parties, you may consider how the parties acted after the contract was created but before any disagreement between the parties arose, https：//www. courts. ca. gov/partners/317. htm.

④ 洪某凤与昆明安钡佳房地产开发有限公司房屋买卖合同纠纷二审民事判决书，载《最高人民法院公报》2016 年第 1 期（总第 231 期）。

著差异时，才可依前者确定其间法律关系的性质。”因此，建议对用履行行为解释合约这种解释方法作出一定的合理限制。

（责任编委：赵英[①]）

① 中国国际经济贸易仲裁委员会天津分会副秘书长、仲裁员。

理论探索

商事仲裁有效送达的适当标准：以效率为分析工具

田雨酥*

摘　要：商事仲裁送达是仲裁程序的重要一环。通过对大陆境外、境内仲裁机构仲裁规则中关于送达部分的实证观察，可见境外仲裁机构与境内仲裁机构存在差异，境内四家具有影响力的仲裁机构在实践中对送达的处理亦不相同。通过对6篇仲裁撤销与不予执行案件法院说理的实证观察，可见法院对送达地址的审查为实质性审查，不符合有效通知及正当程序的送达将使仲裁裁决失去可执行性。在各仲裁机构规则与实践做法不同、狭义效率与狭义正义存在冲突的情况下，使用经济学效率作为分析工具可以明晰效率是仲裁正当程序以及有效送达的判断标准。波斯纳财富最大化理论的衍生公式 MinC = Min（Cm + Cp）可以具体判断某种送达方式是否符合仲裁有效送达的适当标准。

关键词：仲裁送达　正当程序　效率分析　财富最大化理论

送达是仲裁程序中极为重要的一环，它不仅影响仲裁程序中当事人仲裁权利的完整性，也是推动仲裁每一步程序继续进行的重要节点。仲裁送达问题的重要性还在于其无论在国际仲裁领域《纽约公约》① 或中国《仲裁法》《民事

---

* 田雨酥，法学博士，中国国际经济贸易仲裁委员会案件经办人。

① 《纽约公约》第Ⅴ（1）（b）条规定："作为裁决执行对象的当事人，没有被给予指定仲裁员或者进行仲裁程序的适当通知，或者由于其他情况而不能对案件提出意见。"

诉讼法》① 中都是直接关联仲裁裁决有效性与可执行性的核心判断因素。选择仲裁作为争议解决方式的当事人，在保密性、灵活性等偏好之外，最核心的需求是裁决结果的可执行性。因此无论传统抑或创新方式的仲裁送达，万变不离其宗的核心议题是如何进行有效送达。实践中，大陆境外与境内仲裁机构在其仲裁规则中对仲裁送达的规定与实践做法不统一，境外与境内有关中国仲裁裁决撤销与不予执行的申请案件中法院对是否有效送达的评价标准亦不统一，给大陆境内仲裁机构在处理送达时增加了程序成本与程序风险。在不断提升仲裁公信力要求的大背景之下，境内仲裁机构应如何平衡送达成本与程序风险？仲裁程序有效送达的适当标准应如何寻求与确定？有关成本问题与风险问题，正是法经济学分析和经济学“效率”概念所擅长处理的两个领域。通过对境内外仲裁机构关于送达规则内容以及法院对仲裁送达有效性的评价标准的实证观察，并引入经济学“效率”模型为分析工具，可从法经济学视角探索境内仲裁机构有效送达的适当标准。

一、仲裁机构送达的实证观察

（一）仲裁机构的送达规则

大陆境外仲裁机构与境内仲裁机构对送达问题都在其仲裁规则中进行了专条规定：

仲裁机构	送达方式	送达地址	推定送达
国际商会仲裁院②	回执函、挂号信、特快专递、电子邮件或者其他电子方式	当事人自己提供的或其他各方当事人提供的最终地址	无明确规定

① 《民事诉讼法》第 291 条第 1 款第 2 项“被申请人没有得到指定仲裁员或者进行仲裁程序的通知，或者由于其他不属于被申请人负责的原因未能陈述意见的”同样将送达瑕疵列为不予执行和撤销涉外仲裁裁决的事由；在国内仲裁司法审查中，《仲裁法》第 58 条第 1 款第 3 项以及《民事诉讼法》第 248 条“仲裁庭的组成或者仲裁的程序违反法定程序的”同样涵盖了送达瑕疵的情形。

② 国际商会仲裁院 2021 年版《仲裁规则》第 3 条“书面通知或通讯；期限”：“1. 除非第 4 条第（4）款（b）项和第 5 条第（3）款另有规定，任何当事人提交的所有书面陈述或其他通讯以及所有附件材料，均应发送给各方当事人、各个仲裁员以及秘书处。仲裁庭向当事人发出的任何通知或通讯也均应当抄送秘书处。2. 秘书处和仲裁庭发出的所有通知或通讯都必须发往当事人自己提供的，或其他各方当事人提供的当事人或其代表人的最终地址。该等通知或通讯可以采用回执函、挂号信、特快专递、电子邮件或者其他任何能提供投递记录的电信方式送达。”

续表

仲裁机构	送达方式	送达地址	推定送达
香港国际仲裁中心①	无明确规定	收件人告知的、协议中所列明的、收件人对外使用的、收件人最后为人所知的地址	向最后为人所知的地址发送，并提供试图传送的记录后，即视为已被收到
新加坡国际仲裁中心②	当面递交、挂号信、快递、电子方式	直接递交、递送到惯常居所地、营业地、指定的约定的此前业务往来的地址	递送到最后一个为人所知的居所地或者营业地
斯德哥尔摩商会仲裁院③	特快专递或挂号信、电子邮件或其他能记录通讯发送情况的方式	收件人最后为人所知的地址	无明确规定
美国仲裁协会国际争议解决中心④	电子邮件、邮寄、快递、传真或其他书面形式等可记录送达方式，或专人送达	收件人最后为人所知的地址	无明确规定

① 香港国际仲裁中心2018年版《仲裁规则》第3条“书面通讯和期限计算”：“3.1在下述情况下，依本规则发出的任何书面通讯，应视为已被当事人、仲裁员、紧急仲裁员或HKIAC收到：(a)传送至收件人或其代理人在仲裁中告知的地址、传真号码和/或电子邮件地址；或（b）若没有（a）项所述，传送至当事人之间适用的任何协议中所列明的地址、传真号码和/或电子邮件地址；或（c）若没有（a）及（b）项所述，传送至传送时收件人对外使用的任何地址、传真号码和/或电子邮件地址；或（d）若没有（a）、（b）及（c）项所述，传送至收件人最后为人所知的任何地址、传真号码和/或电子邮件地址；或（e）上传至当事人同意使用的安全的在线存储系统。3.2若经合理努力仍不能按照第3.1款的规定传送书面通讯的，则在向收件人最后为人所知的地址、传真号码和/或电子邮件地址发送，并提供试图传送的记录后，书面通讯即视为已被收到。”

② 新加坡国际仲裁中心2016年版《仲裁规则》第2条“通知送达及期间的计算”：“2.1本规则所称的任何通知、通讯或建议，均应采用书面形式。上述通知、通讯或建议，可以采用当面递交、挂号信、快递服务寄送，或者通过任何一种电子通信方式（包括电子邮件和传真）进行递送，或者通过其他任何适当的、能提供递送记录的方式进行递送。任何通知、通讯或建议在下列任一情形下均应被视为已经送达：(i)直接递交受送达人或其授权代表：(ii)递送到受送达人的惯常居所地、营业地或者受送达人指定的地址：(iii)递送到当事人约定的任何地址：(iv)按照当事人此前业务往来的习惯做法进行了递送：或者（v）经合理努力后，仍未能找到前述任一地址，则递送到最后一个为人所知的受送达人的居所地或者营业地。”

③ 斯德哥尔摩商会仲裁院2017年版《仲裁规则》第5条“通知”：“（1）秘书处或理事会的任何通知或其他通讯均应当送达至收件人最后为人所知的地址。(2)任何通知或其他通讯均应当以特快专递或挂号信、电子邮件或任何其他能记录通讯发送情况的方式送达。”

④ 美国仲裁协会国际争议解决中心2021年版《仲裁规则》）第11条“通知”：“1.除非当事人另有约定或仲裁庭另有指令，所有通知和书面通讯可通过可记录传送的方式送达，包括电子邮件、邮寄、快递、传真或其他书面形式的电子送达方式，发送至当事人或其代表最后为人所知的地址，或专人送达。”

续表

仲裁机构	送达方式	送达地址	推定送达
伦敦国际仲裁院①	电子邮件或其他电子方式	按照约定或指定、以前的交易中经常使用的电子方式、仲裁庭认为合适的任何地址	无明确规定
中国国际经济贸易仲裁委员会②	当面递交、挂号信、特快专递、传真或认为适当的其他方式	自行提供或约定的、对方提供的地址	挂号信或特快专递或能提供投递记录的包括公证送达、委托送达和留置送达在内的其他任何手段投递最后一个为人所知的地址，即视为有效送达

① 伦敦国际仲裁院2020年版《仲裁规则》第4条“书面通讯和期限”：“4.1 申请人应根据第1.3条的要求提交仲裁申请，被申请人应根据第2.3条的要求提交答辩意见，以电子形式，通过电子邮件或其他电子方式，包括由伦敦国际仲裁院运营的任何电子申报系统提交。任何其他替代的提交方式都应事先获得LCIA的书面同意。4.2 任何书面通信应通过电子邮件发送或任何其他电子通信手段提供其传输记录。4.3 通过电子邮件或其他电子方式交付通信应按照约定或指定由一方为接收任何关于仲裁的沟通协议。任何书面通讯交付该方通过该电子方式，应被视为具有已被该方接收。在没有这样的仲裁员的协议或指定或命令法庭，如果通过电子方式交付经常用于双方之间的交易，任何书面通讯（包括请求和响应）可以由该方交付一方电子手段，并应被视为已由该方收到，但须向LCIA或仲裁庭被告知任何通信实际上无法由该方收到的理由，包括电子交付失败通知。尽管如此，LCIA或仲裁庭可指示将任何书面通讯交付在任何地址和通过其认为合适的任何方式。”

② 中国国际经济贸易仲裁委员会2015年版《仲裁规则》第8条“送达及期限”：“（一）有关仲裁的一切文书、通知、材料等均可采用当面递交、挂号信、特快专递、传真或仲裁委员会仲裁院或仲裁庭认为适当的其他方式发送。（二）上述第（一）款所述仲裁文件应发送当事人或其仲裁代理人自行提供的或当事人约定的地址；当事人或其仲裁代理人没有提供地址或当事人对地址没有约定的，按照对方当事人或其仲裁代理人提供的地址发送。（三）向一方当事人或其仲裁代理人发送的仲裁文件，如经当面递交收件人或发送至收件人的营业地、注册地、住所地、惯常居住地或通讯地址，或经对方当事人合理查询不能找到上述任一地点，仲裁委员会仲裁院以挂号信或特快专递或能提供投递记录的包括公证送达、委托送达和留置送达在内的其他任何手段投递给收件人最后一个为人所知的营业地、注册地、住所地、惯常居住地或通讯地址，即视为有效送达。”

仲裁机构	送达方式	送达地址	推定送达
中国海事仲裁委员会①	当面递交、挂号信、特快专递、传真、电子邮件、即时通信工具等信息系统可记载的、约定的、向当事船舶船长发送，或者认为适当的其他方式	自行提供的、约定的、对方提供的地址	挂号信或特快专递或能提供投递记录的包括公证送达、委托送达和留置送达在内的其他任何手段投递最后一个为人所知的地址，即视为有效送达
北京仲裁委员会②	当面送达、邮寄、特快专递、传真、电子邮件或认为适当的其他方式	营业地点、注册地、居住地、身份证载明地址、户籍地址、约定的或其他通讯地址	受送达人最后一个为人所知的前述地址

① 中国海事仲裁委员会2021年版《仲裁规则》第8条“送达及期限”：“（一）当事人对送达方式有约定的，从其约定。（二）除非当事人另有约定，有关仲裁的一切文书、通知、材料等均可采用当面递交、挂号信、特快专递、传真、电子邮件、即时通讯工具等信息系统可记载的方式、向当事船舶船长发送的方式，或者仲裁委员会仲裁院或仲裁庭认为适当的其他方式发送。（三）上述第（二）款所述仲裁文件应发送当事人或其仲裁代理人自行提供的或当事人约定的地址；当事人或其仲裁代理人没有提供地址或当事人对地址没有约定的，按照对方当事人或其仲裁代理人提供的地址发送。（四）向一方当事人或其仲裁代理人发送的仲裁文件，如经当面递交收件人或发送至收件人的营业地、注册地、住所地、惯常居住地或通讯地址，或经对方当事人合理查询不能找到上述任一地点，仲裁委员会仲裁院以挂号信或特快专递或能提供投递记录的包括公证送达、委托送达和留置送达在内的其他任何手段投递给收件人最后一个为人所知的营业地、注册地、住所地、惯常居住地或通讯地址，即视为有效送达。”

② 北京仲裁委员会（2019年版）《仲裁规则》第71条“送达”：“（一）有关仲裁的文书、通知、材料等可以当面送达或者以邮寄、专递、传真、电子邮件的方式或者本会或仲裁庭认为适当的其他方式送达当事人或者其代理人。（二）向当事人或者其代理人发送的仲裁文书、通知、材料等，如经当面送交受送达人或者邮寄至受送达人或者对方当事人提供的受送达人的营业地点、注册地、居住地、身份证载明地址、户籍地址、当事人约定的送达地址或者其他通讯地址，即视为已经送达。（三）经合理查询不能找到受送达人的营业地点、注册地、居住地、身份证载明地址、户籍地址、当事人约定的送达地址或者其他通讯地址而以邮寄、专递的方式或者能提供投递记录的其他任何方式投递给受送达人最后一个为人所知的营业地点、注册地、居住地、身份证载明地址、户籍地址、当事人约定的送达地址或者其他通讯地址，即视为已经送达。”

仲裁机构	送达方式	送达地址	推定送达
深圳国际仲裁院①	当面送达或者以邮寄、传真、电子邮件、其他能提供记录的电子数据交换方式或者认为适当的其他方式	营业地、注册地、居住地、户籍登记地址、身份证地址、口头或书面确认、对外使用的、协议中列明的或认为适当的地址	受送达人最后一个为人所知的地址；收到送达后变更地址而未通知的，可投递给原送达地址

（二）境内仲裁机构的缺席案件送达实践做法

在非缺席仲裁案件中，当事人的送达地址及联系方式都可以通过当事人的确认来完成，一般不涉及送达是否有效的问题。虽然在极端情况下可能会出现被申请人更换代理人、破产、失联、恶意拖延程序等情况而产生自认的地址后续失效或不可用的情况。但这并非本文所讨论的主要以申请人确认和仲裁机构寄送的送达问题范围，以下仅包含四家中国大陆有影响力的境内仲裁机构缺席案件送达的实践做法。

1. 中国国际经济贸易仲裁委员会②

立案时由立案秘书要求申请人在仲裁申请书中提供被申请人的送达地址，立案秘书进行初步审查。立案后由办案秘书再次对地址进行初步审查并寄送仲裁文件。在寄送过程中，如某地址寄送不到，则要求申请人确认被申请人地址。在直接送达、邮寄送达等方式无法妥投的情况下，推定送达一般采公证送达方式。总体原则是申请人提供地址，合理查询，主要根据申请人的要求确定是否多个地址同时寄送，申请人在确认地址的基础上进一步使用天眼查、企业信息

① 深圳国际仲裁院2020年版《仲裁规则》第六条“送达”：“（一）当事人对送达方式有约定的，从其约定。（二）除非当事人另有约定，有关仲裁的文书、通知、材料等可以当面送达或者以邮寄、传真、电子邮件、其他能提供记录的电子数据交换方式或者仲裁院认为适当的其他方式送达。（三）仲裁院向当事人或者其代理人发送的仲裁文书、通知、材料等，有以下情形之一的，视为送达：1. 送达至受送达人的营业地、注册地、居住地、户籍登记地址、身份证地址、口头或书面向仲裁院确认的地址、对外使用的任何有效地址、当事人协议中列明的地址或者仲裁院认为适当的其他通讯地址中的任意一个地址；2. 经合理查询不能找到上述任一地点而以邮寄的方式或者能提供投递记录的其他任何方式投递给受送达人最后一个为人所知的通讯地址；3. 当事人或者其代理人收到仲裁院送达的仲裁文书、通知、材料后变更地址而未通知仲裁院的，仲裁院将后续仲裁文书、通知、材料等投递给受送达人原送达地址。……（五）除非当事人另有约定，仲裁院或仲裁庭可以决定当事人在提交仲裁文书和证明材料时直接发送给其他当事人或发送至仲裁院网络仲裁服务平台，并将送达记录提交仲裁院。送达时间由仲裁院或仲裁庭根据送达记录确定。”

② 此为笔者作为中国国际经济贸易仲裁委员会案件经办人在长期实践中的具体做法。

网等公开平台核实被申请人的送达地址。在发现申请人提供的地址存在明显瑕疵（如未提供工商注册/身份证载明地址、未要求向合同约定地址寄送等情况）时，办案秘书提示申请人并推动合理的地址查询程序。

2. 北京仲裁委员会①

立案时由立案秘书要求申请人在仲裁申请书中提供被申请人的送达地址，立案秘书进行地址初步审查。立案后在仲裁通知阶段由办案秘书通过企查查、企信网等平台审查除申请人要求寄送的地址以外是否有其他地址（例如合同载明地址、公司注册地址等），如发现有其他地址，秘书可以向查询到的地址寄送案件通知和材料。在直接送达、邮寄送达等方式无法妥投的情况下，推定送达一般采公证送达方式。总体原则是应送尽送，在发现申请人提供的地址存在明显瑕疵（如未提供工商注册/身份证地址、未要求向合同约定地址寄送等情况）时，秘书主动查询地址并主动寄送，根据具体情况判断是否主动向多个地址同时寄送，如果被申请人缺席则多地址寄送，不受限于申请人确认提供的单一地址。

3. 上海国际仲裁中心②

立案时由秘书审查申请人是否提供了被申请人合同地址和注册地址，如果书面文件中有而申请人未提供，则要求申请人将其作为寄送地址，否则应出具书面说明。在直接送达、邮寄送达等方式无法妥投的情况下，推定送达不设公证送达、委托送达或公告送达机制，仅采用快递邮寄方式应送尽送。秘书使用公开网站查询被申请人地址。总体原则是应送尽送，在发现申请人提供的地址存在明显瑕疵（如未提供工商注册/身份证载明地址、未要求向合同约定地址寄送等情况）时，秘书主动查询地址并主动寄送，根据具体情况判断是否主动向多个地址同时寄送，如果被申请人缺席则多地址寄送，不受限于申请人确认提供的单一地址。

4. 深圳国际仲裁院③

立案时由秘书审查申请人提供的地址，如认为申请人提供的地址有瑕疵（例如信息模糊、有合理理由怀疑无法寄送等），则要求申请人提供多个地址并寄送。在被申请人缺席的情况下主动寄送多个地址，并将仲裁程序做适当暂缓处理。在直接送达、邮寄送达等方式无法妥投的情况下，推定送达不设公证送

---

① 此为笔者向北京仲裁委员会案件经办人咨询后整理而成。

② 此为笔者向上海国际仲裁中心案件经办人咨询后整理而成。

③ 此为笔者向深圳国际仲裁院案件经办人咨询后整理而成。

达、委托送达或公告送达机制，仅采快递邮寄方式应送尽送。秘书使用天眼查等软件和公开网页查询被申请人地址。当事人应填写格式化的地址确认函。总体原则是应送尽送，在发现申请人提供的地址存在明显瑕疵（如未提供工商注册/身份证载明地址、未要求向合同约定地址寄送等情况）时，主动查询地址并主动寄送，根据具体情况判断是否主动向多个地址同时寄送，如果被申请人缺席则多地址寄送，不受限于申请人确认提供的单一地址。

（三）小结

通过对前述大陆境外、境内仲裁机构送达相关仲裁规则规定的实证观察，可见境内外仲裁机构在送达方式上趋向一致。而受送达人（通常来讲都是被申请人）在前述正常送达失败的情况下，境外仲裁机构与境内仲裁机构的送达规定则出现了风格差异：境外仲裁机构普遍不使用规则明文的推定送达规则，仅明确送达地址及送达顺序，部分仲裁机构强调应寄送受送达人“最后一个地址”，在寄送方式上较境内仲裁机构更宽松；而境内仲裁机构则往往细分受送达人地址的类型，如注册地、营业地等，并列明挂号信、公证送达等具体送达方式。无论在送达方式中是否允许文件以电子方式送达，境内仲裁机构在推定送达规则中均将送达方式限缩在了邮寄方式中。

在对前述境内具有影响力的四家仲裁机构被申请人缺席案件送达实践做法的调研中，部分仲裁机构送达标准采应送尽送原则，并为此进行了主动多地址寄送、暂缓仲裁程序、仲裁机构主动介入送达地址查询等仲裁规则载明标准之上的送达尝试与程序成本花费。在经查询后被申请人地址依然无法快递妥投送达的情况下，部分仲裁机构对其在向被申请人最后为人所知的地址送达的行为使用公证邮寄方式，并为此产生了额外的程序时间与金钱成本。在对送达地址的确认与使用方面，部分境内仲裁机构与境外仲裁机构做法更为相近，部分仲裁机构则在送达地址的确认与查询方面更主动，介入程度更深。

二、仲裁裁决撤销与不予执行案件中法院对送达评价的实证观察

（一）（2017）京04民特30号民事裁定书

法院认为：对于《仲裁规则》中上述规定之理解，应以相关仲裁文件能够有效到达当事人为基本前提，只有在实际送达存在困难时，才能以其他方式推定送达作为补充……即便适用“视为送达”之规则，亦应以最大可能送达收件人之善良方式进行。

（二）（2019）鲁08民特18号民事裁定书

法院认为：本案中……明知申请人的工作单位、通讯地址、手机联络号码，而未向仲裁庭提供……受送达人并非下落不明，申请人一直在身份证上载明的地址长期居住……在邮件被退回后在未采用其他方式送达的情况下即采用公告送达，违反了仲裁规则，损害了申请人在涉案仲裁中提出抗辩的权利，对涉案仲裁的正确裁决造成影响。

（三）（2019）浙02民特138号民事裁定书

法院认为：浙星公司寄送的催款函亦寄往吴某胜租住厂房地址并被成功签收，然宁波仲裁委舍近求远，以吴某胜户籍地为送达地址……但没有证据表明由吴某胜本人签收……故本案送达……不能将后续相关法律文书继续往该地址邮寄被拒收的行为视为有效送达。

（四）（2019）鲁10民特4号民事裁定书

法院认为：……邮件未被送至周某军的住所地，而被他人签收，现没有证据证明周某军本人收到了威海仲裁委员会开庭的书面通知，威海仲裁委员会缺席裁决违反了法定程序。

（五）（2020）沪74民特43号民事裁定书

法院认为：……赵某应履行合理查询义务，查询其他有效送达地址。经查，受送达人沈某福的居住地址为“对公”信息，律师持律师证及律所介绍信即可查询。赵某代理人在能够较为方便地获取受送达人居住地址的情况下，疏于履行查询义务，未能向仲裁庭提供有效送达地址，导致沈某福不能到庭参加仲裁，可能影响仲裁裁决结果的公正性，属于我国仲裁法规定的仲裁程序违反法定程序的情形。

（六）澳大利亚联邦法院案例（FCA 477）

法院认为，执行法院应当审查所有情况，以客观地确定仲裁程序和指派仲裁员的事项是否被适当通知……关于适当通知的解释原则，即被申请人被合理地告知了仲裁程序，并有机会进行陈述……由于Liu女士主张没有收到任何通知，首先，需要考虑Liu女士是否实际上收到仲裁程序和指派仲裁员的通知；其次，如果其确实没有实际上收到通知，在客观情况下，其是否被赋予了仲裁程序启动和选择仲裁员的权利。

（七）小结

通过前述执行法院对仲裁机构送达审查的说理中可见，相较于送达程序是否符合仲裁地法律或者仲裁规则，执行和审查法院更关注被送达人是否确实收到了仲裁通知及其他程序重要文件、是否知晓仲裁程序的存在以及是否被赋予和保护了仲裁程序权利。即使是申请人未尽到查询地址的善意和义务，或是仲裁机构未尽到最大善意寄送的情况，执行或审查法院都将认定送达程序违反法定程序/仲裁规则/相关法律，进而撤销或不予执行已经生效的仲裁裁决。

从另一角度而言，对送达地址及送达过程的审查，最终是对送达程序是否确实使被申请人获得适当通知的审查，也即对送达程序是否符合正当程序的审查。该审查一方面对负责提供和确认地址的申请人和负责送达的仲裁机构提出了在确认表面寄送信息无误的基础上更高的查询及关照要求，使得只简单转告查询地址或简单查询快递妥投的送达行为因实际寄送的情况不可查询性而具有更高的风险；另一方面也在寄送地址有效的情况下，允许仲裁送达程序较法院诉讼送达程序拥有更高的灵活性和更广泛的自由权力，能使被申请人获取有效通知即符合正当程序和有效送达的标准。

三、为何以效率为分析工具确定仲裁有效送达的适当标准

（一）仲裁有效送达与仲裁正当程序

前文已述仲裁送达的有效性来源于其所伴随的仲裁程序正当性，因此仲裁送达的适当标准确定问题，就是仲裁送达程序以何种标准和程度符合仲裁正当程序的问题。正当程序的原则在仲裁中已被人们普遍接受，并在与仲裁有关的国际法律文件以及国家仲裁法规中被隐含或明确地承认。2006年《联合国国际贸易法委员会国际商事仲裁示范法》第18条“当事人平等待遇”规定，2013年《联合国国际贸易法委员会仲裁规则》第17条“须平等对待各方当事人并在仲裁程序适当阶段给予每一方当事人陈述案情的合理机会”，并要求“仲裁庭行使裁量权时，程序的进行应避免不必要延迟和费用，并为解决当事人争议提供公平有效的程序”的规定，1958年《纽约公约》第5条“适当通知”“申辩”“仲裁机关之组成或仲裁程序”与“各造间之协议”相符的正当程序条件等规定，都反映了商事仲裁正当程序所蕴含的内容。一般认为，当事人在仲裁中的正当程序权包括根据双方协议进行仲裁的权利；获得适当通知的权利；提出己方案件陈述的权利；由公正和独立的仲裁庭裁决

争议的权利；以及各方享有平等待遇的权利[①]。这种标准的普遍性也反映出仲裁正当程序标准相较于法院诉讼程序的相对灵活，即无须使用复杂严谨的解释，仲裁程序达到一般性文字清楚明确所表述的正当程序内涵即为国际社会所普遍接受。在高度清晰普适的标准下，正当程序的审查在各国法院基本不会因法律制度、法律文化差异而产生不同结果。送达作为仲裁程序的一环，其有效的适当标准也应如此。

（二）效率是衡量仲裁正当程序的标准

效率的概念在不同语境和学科中是不同的。在日常语境中，人们一般以时间和产出的关系作为判断一个行为是否具有效率的标准，也即用“是否快速”“是否高效”去定义效率。在学术语境中，效率最初是物理学的术语，意为有效输出量和输入量的比值。[②] 后在经济学中被运用在市场行为中，成为衡量产出和投入比和资源分配有效性的名词。经济学中效率的判断依赖于更丰富的因素：时间、耗费的财力和人力、成本与收益的比例、是否最终产生了积极的效果（即是否增加社会福利）等。[③] 从日常语境到物理学再到经济学，效率的含义完成了逐渐从“高效”向“有效”的转化。“效”的衡量尺度由单纯考虑花费时间的长短向更全面综合的判断条件转变。

无论在物理学、经济学还是法学中，效率都是非常重要的属性和价值取向。人类在理论和实践中的改进非常重要的目的就是使其行为所花费的投入与获得的产出之间具有更令人满意的比例，就是使行为的效率更高。人们对法律程序寄予了效率的期待，要求权利救济在法律程序中能及时地完成，并同时只需要花费相对低廉的救济成本。在对及时性的期待中，人们要求权利救济应程序便捷，每一阶段都严格规定时效；在对低廉救济成本的期待中，人们要求公民只需支付少量成本即可获得权利救济。[④] 仲裁的效率本质并不较人们在其他法律程序中对效率的期待有何不同，都是希望能更高效地借助仲裁程序，以低廉的

---

① Sarah Grimmer, Three Scenarios That Raise Due Process Issues, in Andrea Menaker (ed), International Arbitration and the Rule of Law: Contribution and Conformity, ICCA Congress Series, Volume 19, 2017: 142. // Charles Nairac. Due Process Considerations in the Constitution of Arbitral Tribunals, in Andrea Menaker (ed), International Arbitration and the Rule of Law: Contribution and Conformity, ICCA Congress Series, Volume 19, 2017: 122.

② ［美］康芒斯：《制度经济学（上册）》，于树生译，商务印书馆 1997 年版，第 326 页。

③ 曼昆：《经济学原理——微观经济学分册》，北京大学出版社 2015 年版，第 156 页。

④ 参见罗豪才、宋功德：《公域之治的转型——对公共治理与公法互动关系的一种透视》，载《中国法学》2005 年第 5 期。

成本即时地完成权利的救济。从这个角度说，人们期待仲裁的效率也包含两部分，一是实体权利获得真正救济的有效性，二是获取权利救济过程中时间和成本的便宜性。

对前述概念进行梳理，是为了明晰效率和正义被讨论时在不同语境下对应的语义。长久以来尽管效率和正义久为学者所讨论，但综观诸多学术成果，结论几乎是“一边倒”的“正义优先，兼顾效率”，无论在表面上对效率给予多么重要的地位，一旦论述到了效率与正义发生冲突的地方，总是以效率要为正义让步作结。在仲裁有效送达的适当标准确定问题上，也产生了如此迷思：如何确定仲裁有效送达的标准？如果以完全、彻底有效送达为目标，仲裁程序势必将花费大量经济成本和时间成本在缺席案件的送达中，这会否影响仲裁程序灵活高效的传统优点？如果以节约成本为导向确定宽松的送达标准，又会否因此产生虚假仲裁以及实体裁判错误的法律风险？此种迷思在适用经济学效率标准后，将从全新的角度被破除，而可以并将有路径确认仲裁有效送达的适当标准。

（三）效率的内容是实现财富最大化

作为当代法经济学最知名的学者之一，理查德 · 波斯纳法官通过惊人数量的著作将经济分析的方法输出到了法学诸多领域。在他以经济理论分析社会问题的言论中，最广为国内外学者讨论的当属以“社会财富最大化”为判断标准、以实现经济效率为目标的正义观。他提出“判断行为和制度是否公正或良好的标准就是这些行为和制度是否最大化了社会的财富”①，将效率视为法律所追求的价值，并以此作为判断法律制度是否公正或良好的标准。波斯纳认为社会经济效率是对正义的可计量描述和具体化，认为法律制度中的许多原则和规范应当被解释、被理解为促进资源有效率配置的努力。法律制度在该种效率改进下能够实现法律资源使用者对于该资源的支付意愿总和之最大化，这种最大化就是波斯纳所追求的经济效率，也即实现正义的途径。具体在程序法律制度中，最小化法律程序的两类成本之和（错误司法判决的成本以及诉讼制度的运行成本）② 就可以实现法律程序中的社会财富

① ［美］理查德 · 波斯纳：《正义/司法的经济学》，苏力译，中国政法大学出版社 2002 年版，第 115 页。

② ［美］理查德 · 波斯纳：《法律的经济分析》，蒋兆康译，中国大百科全书出版社 2012 年版，第 289 页。

最大化，也即实现法律程序的效率和正义。[①] 在该理论中，对程序效率的追求就是对正当程序的追求。正当程序的标准也正如效率的定义标准一样，是结合了种种有关正义、道德等复杂因素的考量后，能在现实中执行的、令人满意的标准。

将人类有限理性与所谓的复杂因素纳入正当程序的标准，并不意味着正当程序的标准变得模糊、虚幻或不可衡量。厘清概念后，也必须为程序正义寻求一个可以客观评价的标准。将蕴含财富最大化理论的经济学效率放置与程序正义同位，就可以消除长期概念混淆产生的迷思。在更新后的效率与正义辨析中，法律程序所要实现的最优效率是最小化法律程序错误造成实体错误的成本和程序运行成本之和，也即法律程序全部参与者的财富最大化，而实现财富最大化的法律程序就是符合程序正义的，也是符合正当程序标准的。法律程序追求程序正当的过程，就是程序正当化的过程，它的本质就是法律程序财富最大化的过程。程序正义的表现形式和衡量尺度都应是财富是否实现最大化，也即是否实现程序效率。至此，程序正义和程序效率才实现了真正的统一，效率和正义之间的辨析就转化为如何计算法律程序的最小化成本及这些成本如何在参与程序的主体中进行分配的问题。最小化的程序成本及其分配并不存在绝对的先后顺序，同样的程序义务分配到不同主体会产生不同的程序成本。在法院诉讼程序中，程序成本的负担分配由国家法律、法官决定等权力性指令进行规定。在仲裁程序中，程序成本的负担分配更为灵活，这为借由财富最大化通往程序正义的途径打造了良好的基础。

四、如何以效率为分析工具确定仲裁有效送达的适当标准

（一）仲裁正当程序的效率计算公式

适用波斯纳财富最大化内容的效率分析模型后，仲裁正当程序的内容，也即仲裁程序的效率可以通过如下方式计算：

设仲裁中的总财富为 P（total profit），仲裁的总收益为 R（total revenue），仲裁的总成本为 C（total costs），仲裁产生的实体错误成本为 Cm（material costs），仲裁产生的程序成本为 Cp（procedural costs），财富最大化内容的仲裁正当程序效率公式为：

---

① 桑本谦：《法理学主题的经济学重述》，载《法商研究》2011 年第 2 期。

仲裁总财富 = 仲裁总收益-仲裁总成本 = 仲裁总收益-（实体错误成本 + 程序成本）

也即：

P=R-C=R-（Cm +Cp）

计算仲裁财富最大化的公式为：

MaxP = R-MinC = R-Min（Cm+Cp）

由于人们进行仲裁的收益是所期待的实体权利得到救济的满意值，因此该收益是一个理论中令人满意的标准，它尽管无法用统一的金钱数据表达，也在不同案件中呈现出不同的样态，但其本身在个案中是固定不变的，故在该计 算公式中，仲裁总收益 R 为固定值，不作为变量来考虑。因此，影响 MaxP 值的因素就是 MinC 的值，该 MinC 值的计算，也就是 Min（ Cm + Cp ）的计算求解。无论从理论推演还是从数学公式的推导计算，仲裁财富最大化的结论，都要从如何实现总成本最小开始。因此该公式的核心部分推演为：

MinC = Min（Cm + Cp）

在该公式中，MinC 的组成是 Min（Cm + Cp），而非 MinCm + MinCp。这说明仲裁总成本的最小化只能通过寻求实体成本和程序成本之和的最小化求得，而无法通过最小化实体成本同时最小化程序成本而求得。

MinC = Min（Cm + Cp）是一个典型的求二元最优解的公式。寻求该公式的最优解法是运筹学处理系统运行中的问题，得到最优解的方法，将求最优解的过程转化为线性问题并使用最优化理论和方法。即控制二元方程中一元为固定值，优化另一元取值并求得结果后，再将该优化后的取值放入公式中，去优化原来一元的取值。在最简单情况下，经过二元的分开优化后，两个优化后取值放回到公式中，即可以获得公式的最优解；在复杂情况或长期动态优化的过程中，该二元优化的过程还需要反复进行，以达到长期动态的不断优化效果。这种方法适用到具体仲裁实践中，就是选择控制一元（如实体错误成本）不变，而优化另一元（对应程序成本）；或控制一元（如程序成本）不变，而优化另一元（如实体错误成本）。通常来讲，实体错误成本包含错误裁判给仲裁参与者带来的实体权利损害（例如送达的错误使得被申请人未收到仲裁文件而为进行答辩，使得本应由被申请人支付申请人的 50 万元利息被错误地裁判为 100 万元，或错误地裁判给当事人造成的经营影响等）以及因实体问题产生的其他成本（例如因送达的错误导致仲裁裁决被撤销，继而该被撤销的仲裁本身成为当事人的沉没成本）。

使用财富最大化理论的视觉公式以及二元最优解的数学解法进行迭代最优优化，可以较传统法学分析方法得出更直观、更科学的结论。这种数学模式的计算方式排除了仅从应然角度进行理论分析产生的结论正确但仅能实现模糊正确的弊端，为衡量、计算仲裁财富最大化提供了清晰的解题思路。

（二）效率模型的具体适用分析

1. “应送尽送”是否是仲裁有效送达的适当标准？

应送尽送的送达方式，是在被申请人缺席的情况下，不论其地址数量与地址与其关联度，仲裁机构与申请人查询被申请人的全部地址并进行寄送的方法。适用 MinC = Min（Cm + Cp）公式后，在被申请人寄送地址可查证、可收到仲裁文件并获得有效通知的情况下，实体法律错误成本值 Cm 不发生变化，应送尽送的送达方式大幅提高了 Cp 值以及 C 的总值，不符合效率标准。但在被申请人寄送地址无法查证有效性，实体法律错误成本值 Cm 无法稳定，并在寄送单一地址可能发生错误并产生撤销或不予执行裁决的后果时，Cm 值呈增高趋势，而此时的程序成本 Cp 为未知，则应采取优先优化 Cm 的策略来优化 MinC = Min（Cm + Cp）公式结果。即，在缺席被申请人可查证地址有效性以及收取仲裁信息的有效性情况下，“应送尽送”不是仲裁有效送达的适当标准；而在缺席被申请人无法查证地址有效性以及收取仲裁信息的有效性情况下，“应送尽送”是仲裁有效送达的适当标准。

2. 公证送达是否是仲裁有效送达的适当标准？

根据实践观察，公证送达的送达方式一般指由仲裁机构向缺席被申请人以邮局平信方式寄送仲裁文件，并由公证处对该寄送方式进行公证的送达方法。由于公证送达的情况，是在其他地址无法送达之后而进行的推定送达，故应寄送被送达人的最后一个为人所知的地址，因此该地址的实体法律错误成本是不变数值。适用 MinC = Min（Cm + Cp）公式后，可知该公式下的 Cm 值为恒定值，优化 MinC 的唯一方式是优化 Cp，也即寻求 MinCp 的数值。普通邮寄方式送达与公证送达无论在时间及金钱成本方面都差距甚大①。根据公式可得，优化 MinCp 的主要考虑在于 MinCm 取值是否发生变化，而 Cm 的影响因素是受送

① 例如，EMS 寄送北京同城快递文件的价格普遍为人民币 20 元左右，而公证送达同样文件的单次价格在人民币 400 元左右。

达人地址本身的有效性与获得通知的有效性，因此，公证送达本身无法降低 Cm，却会极大提升 Cp 值。因此在 MinC 的优化过程中，公证送达的送达方式不符合效率评价标准，不是仲裁有效送达的适当标准。

3. 仲裁机构与仲裁庭应如何把握仲裁有效送达的适当标准？

中国采机构仲裁模式，仲裁机构与仲裁庭同样是作出裁决书的主体。仲裁机构不仅对仲裁程序负有管理的职能，也对仲裁庭起草的裁决书具有审查的职能。在各仲裁机构的仲裁规则中，亦大多规定仲裁程序在仲裁庭组成前由仲裁机构管理，在仲裁庭组成后由仲裁庭管理。在仲裁送达方面，无论仲裁机构或仲裁庭都应具有管理与审查的职能与义务。在 MinC = Min（Cm + Cp）公式中，由仲裁庭、仲裁机构对送达地址进行实质性审查，与法院在裁决的撤销与执行/不予执行程序中的审查相比，由于法院执行程序中原缺席被申请人的出现以及提供的信息增多，前者审查的成本 Cp 更高、难度更大。因此在稳定 Cm 值衡量 Cp 的优化方法中，不应要求仲裁程序中仲裁机构与仲裁庭对送达地址的审查标准如法院一般，例如审查被申请人在某个地址的实际居住情况等。但在 Cp 取值稳定而考量 Cm 取值时，仲裁机构和仲裁庭应施加足以使 Cm 值不致达到裁决被撤销或不予执行的标准，也即应以实质审查申请人提供地址的有效性，并在简单借由申请人提供地址进行送达的基础上更深入地管理并审查送达地址及其有效性。具体而言，应起码在保障可查询能力范围内，即合同约定地址、商业往来通信方式以及被申请人的法定地址均进行送达，并应对申请人提供信息的即时有效性进行审查。

五、结论

商事仲裁送达是仲裁程序中极为重要的一环，它与仲裁当事人的适当通知权、得到合理机会辩论的权利等关系着仲裁当事人重要程序权利的完整性和公平性行使直接相关，也关系到已经消耗了成本的仲裁裁决能否得到审查法院的执行。随着实践中商业活动和商事法律内容实践的发展，商事仲裁的送达不断产生了新的内容和方式，也产生了具体事件中如何判断送达有效性的新问题和新观察点。但无论实践中的案例如何变化更新，商事仲裁有效送达之判断都依附于由此产生的仲裁程序是否合乎正当性。使用效率作为分析工具，可以直观、客观地从定量和定性角度确定商事仲裁有效送达的适当标准，为商事仲裁的程序管理驱散狭义正义与狭义效率之间的迷思与模糊。商事仲裁有效送达的适当标准，应符合仲裁正当程序，并在 $MinC = Min(Cm + Cp)$ 公式中寻求个案的最优解，以保障当事人获得适当通知以及陈述己方案情等程序权利，发挥商事仲裁灵活、终局、具有执行力等特点。

（责任编委：吴绍轩[①]）

① 中国国际经济贸易仲裁委员会委员会工作处职员。

试论仲裁员民事责任的三层逻辑

胡鑫磊*

摘　要：仲裁员作为仲裁制度的核心，是否承担民事责任不仅决定自身的权责，还将影响仲裁制度的独立性与公平性。以往对于仲裁员民事责任的研究，起于仲裁性质，终于仲裁员责任豁免，综述域外各派理论学说再加以选择和借鉴，难以与我国法学理论与法律规范相协调。应立足我国本土仲裁实践，创新仲裁员民事责任的研究范式：第一层是“契约论”下仲裁员存在民事责任；第二层是“有限责任论”下仲裁员民事责任的限缩；第三层是通过职业责任保险转嫁仲裁员的民事赔偿责任风险。以此构建完整的仲裁员民事责任体系，明确仲裁员需要承担的民事责任范围，以达到制度公平下仲裁员权责平衡，推动中国式仲裁现代化发展。

关键词：仲裁员民事责任　有限责任豁免　职业责任保险

仲裁是我国多元化纠纷解决机制的重要一环，具备解决纠纷、衔接诉调、分散诉讼压力等功能，在“一带一路”争端解决机制建设中发挥着重要作用。作为仲裁制度的核心，仲裁员在仲裁中享有裁决权和仲裁报酬取得权等权利，相较之下仲裁员所要面对的责任显得过轻。

就仲裁员的责任而言，有道德责任、纪律责任和法律责任三大类，其中道德责任和纪律责任都属于软性责任，有限的强制力和惩戒力度使其不足以制衡仲裁员过大的权力。而在法律责任之中，《仲裁法》第38条采用“法律责任”的粗犷表达方式，并未对仲裁员形成明确有效的制约。《刑法修正案（六）》

* 胡鑫磊，厦门大学法学院博士研究生。

明确的刑事责任，更像是基于仲裁员民事责任不明确产生的法律应对措施，对具有严重社会危害性的仲裁员行为进行规制。刑事责任仅规制仲裁员的犯罪行为，没有关注到仲裁员的民事责任，不能以此有效平衡仲裁员权责。因此，更要重新思考仲裁员责任制度，合理安排仲裁员的民事责任，达到仲裁员责任体系内部协调。

关于仲裁员的民事责任，实践中尚未有公开裁判案例，仲裁员在事实上免于承担民事责任。① 在法律层面上，《仲裁法》未明确仲裁员法律责任的意旨，是行政责任、刑事责任还是民事责任，抑或是三者皆包含在内。相关理论研究大多选择直接论证仲裁员民事责任豁免制度，借鉴域外相关学说理论，为我国仲裁员民事责任豁免制度的选择提供建议，以仲裁员民事责任豁免制度为核心的研究范式成为主流。这种研究范式没有明晰仲裁员民事责任的内在机制，未能形成完整的仲裁员民事责任逻辑链条。

就此，本文立足我国仲裁实践，以仲裁员民事责任的“存在—限制—风险转嫁论”三层逻辑展开，在明确仲裁员民事责任存在的基础上，采纳“有限责任论”这一主流责任豁免理论，划清仲裁员民事责任范围，合理转嫁仲裁员过高的民事赔偿责任风险，构建完整的仲裁员民事责任体系。仲裁员民事责任的确立不仅是基于仲裁员“权大责小”的失衡状态，更是在仲裁员职业化发展、保证仲裁员的独立性与公正性、推动仲裁质量提升和加强仲裁的社会影响力等综合因素影响的必然选择，能够推动中国仲裁员队伍的发展，促进中国式仲裁话语体系建设。

一、“契约论”下仲裁员民事责任存在论

仲裁员民事责任的第一层逻辑就是仲裁员存在民事责任。仲裁员的地位和行为性质是决定仲裁员是否存在民事责任的关键要素。大多数国家立法与国际仲裁规则都对仲裁员的地位问题保持沉默，② 仲裁员职业行为的性质才最终决定仲裁员的民事责任问题。

（一）仲裁员职业行为的契约性来源

仲裁员职业行为的性质取决于仲裁的性质。关于仲裁的性质，理论上存在

---

① 参见肖永平、胡永庆：《加入WTO与我国仲裁法律制度改革》，载《中国法学》2001年第2期；阎铁毅、梁淑妍：《关于仲裁员责任制度的思考》，载《中国海商法年刊》2002年。

② Gary B. Born, International Commercial Arbitration, Kluwer Law International, 2021, p. 2109.

契约论、司法权论、混合论和自治论。[1] 契约论从仲裁的来源——仲裁协议的角度出发，强调仲裁是当事人双方意思自治的产物，当事人通过契约将裁判权赋予仲裁员，本质上仍然是民事行为；司法权论则从仲裁的结果——仲裁裁决的角度出发，强调仲裁员“准法官”的特殊身份，认为仲裁裁决拥有类似于司法判决的法律效力，从而推导出仲裁是一种司法行为；混合论则是将契约论和司法权论进行折中，既承认仲裁来源于契约，又承认仲裁带有司法权属性，认为仲裁是一种混合行为；自治论则从仲裁的目的和效用出发，认为仲裁是超越契约和司法权的自治行为。[2]

尽管司法权论、混合论和自治论都从仲裁的特征出发，认识到仲裁裁决具有司法强制性，但是都未能正确理解仲裁的契约性本质，以及仲裁裁决的准司法效力源自仲裁的契约性。因此，笔者认为契约性是仲裁的本质属性，仲裁行为是一种民事法律行为。首先，仲裁的启动具有契约性。仲裁是双方当事人达成合意，将争议交由第三方进行裁决的一种契约行为。只有当事人双方达成仲裁协议才能仲裁，一般不允许单方仲裁。其次，仲裁的过程体现契约性。仲裁过程中仲裁员的选任[3]、仲裁规则的选择、准据法的确定、仲裁是否开庭审理、仲裁是否公开，都由仲裁双方当事人共同决定。最后，仲裁的结果具有契约性。仲裁裁决的终局性和约束力源于仲裁双方当事人同意，[4] 并非因仲裁行使司法权，而是来自法律承认。仲裁发生类似司法的效果，是法律对仲裁的承认，赋予仲裁法律强制力。在国家对仲裁的法律承认出现之前，罗马法通过契约来解释仲裁裁决的约束力，并设立拒不履行仲裁裁决的罚金制度来强化这种约束力。[5] 19世纪中期以后，仲裁制度逐渐被各国国家法律所承认，[6] 仲裁裁决由合同约束力发展为法律强制力。

也就是说，通过契约形成的仲裁及其结果仲裁裁决，先于国家法律确认，

---

① Anastasia Tsakatoura, Arbitration: The Immunity of Arbitrators, LEx E-SCRIPTA ONLINE LEGAL J. (June 20, 2002), http://www.inter-lawyer.com/lex-e-scripta/articles/arbitrators-immunity.htm.

② 参见韩健：《现代国际商事仲裁法的理论与实践》，法律出版社1993年版，第32页。

③ 尤其是独任仲裁庭仲裁员和三人仲裁庭中首席仲裁员的选定，更能体现仲裁当事人的合意。在机构仲裁中，仲裁委员会主任指定仲裁员的情况，是对双方当事人未能达成合意的补救措施。

④ Nigel Blackaby, et. al., Redfern and Hunter on International Arbitration, Oxford University Press, 2015, p. 2.

⑤ Oleg Yu. Skvortsov, Diskussii o pravovoy prirode arbitrazha, International Commercial Arbitration Review, p. 58 (2017).

⑥ 参见程宝山：《仲裁员的民事责任及其实现》，载《公民与法》（综合版）2010年第9期。

是前置性的契约行为。而国家对仲裁及仲裁裁决的法律承认是后续的法律保障，并不影响仲裁的契约性。因仲裁本质上属于契约行为，仲裁员作出仲裁裁决的行为也就属于契约行为。

（二）仲裁员与仲裁当事人属于合同关系

在仲裁性质“契约论”理论的影响下，由仲裁员与仲裁当事人关系的学说发展出“契约关系说”。[①]“契约论”将仲裁看作契约行为，在客观上就是将仲裁员与仲裁当事人之间的关系看作平等的民事关系，从而衍生出仲裁员与仲裁当事人“契约关系说”。

“契约关系说”能够准确反映仲裁员与仲裁当事人之间的关系，以及仲裁合同的存在及性质。第一，仲裁员不代表国家公权力，与仲裁当事人之间是平等关系。仲裁的本质是通过契约将私人裁判权赋予仲裁员。仲裁员行使的是一种民间的私人裁判权，而不是类似于法官的国家司法权。这一点，亦可从很多学者将仲裁员的裁判权称为“准司法权”进行解释。在司法权之前冠以“准”，具有两重含义，一是否认了仲裁员的司法权，二是承认了仲裁员的裁判行为产生了类似法官司法权的效果。也就是说，“准司法权”理论客观上否认了仲裁员的司法人员的身份，因此仲裁员与仲裁当事人之间地位平等。

第二，对仲裁员合同的存在及其类型进行确认。“契约关系说”认为仲裁员与仲裁当事人之间存在合同关系，称为仲裁员合同。实务中仲裁员的选任主要有三种类型：当事人提交选定仲裁员的函件、仲裁机构仲裁员由当事人确认、仲裁协议条款中选定仲裁员。尽管没有独立的仲裁员合同，尽管在实务中仲裁员的选任与指定常被规定在仲裁协议的条款中，并没有独立的合同文本，但是由于仲裁员与仲裁当事人达成了授权仲裁员进行仲裁的合意，经历了要约到承诺的完整过程，符合合同成立的条件。有学者将仲裁当事人指定仲裁员的过程认作要约，将被指定人担任仲裁员认作承诺，进而肯定了仲裁员合同具备完整的要约与承诺。[②] 在“契约关系说”的基础上，对仲裁员合同性质的研究发展出委托代理合同、专业服务合同和特殊服务合同三种理论。[③] 笔者认为，应当将仲裁员合同视为一种特殊服务合同。因为，仲裁员合同不仅包含仲裁当事人

---

① Klaus Lionnet, The Arbitrator's Contract, Arbitration International, Vol. 15: 161, p. 163 (1999).

② Klaus Lionnet, The Arbitrator's Contract, Arbitration International, Vol. 15: 161, p. 165 (1999).

③ 参见石现明：《仲裁员民事责任及其豁免之学理探析》，载《理论与改革》2007 年第 2 期。

支付对价享受仲裁员提供的专业仲裁服务，还包含了仲裁当事人将商事纠纷的裁决权共同授权给仲裁员。相较于一般的服务合同，这种将私人裁判权赋予仲裁员，由仲裁员提供仲裁服务的合同十分特殊。

第三，仲裁员与对方当事人之间同样存在合同关系。合同关系不仅存在于仲裁当事人与其指定的仲裁员之间，还存在于其与对方当事人指定的仲裁员以及与共同指定的仲裁员之间。英国和德国通过代理理论构建了三人仲裁庭中仲裁员与对方仲裁当事人之间的合同关系，这种代理理论被宽泛地用于解释三位仲裁员与仲裁双方当事人之间存在合同关系。[①] 尽管代理理论成功建构了各位仲裁员与仲裁双方当事人之间的合同关系，但是这种解释的方法不仅复杂烦琐，而且通过代理理论构建的多个合同的权利义务并不一致。

笔者认为，仲裁员组成的仲裁庭与仲裁双方组成的仲裁当事人之间存在广义的仲裁员合同。从利益分配来看，仲裁庭代表的是一位或三位仲裁员通过提供仲裁服务获得合同报酬的利益诉求，即在仲裁庭内部具有统一的利益诉求，在仲裁当事人内部同样如此，仲裁当事人代表的是仲裁双方通过仲裁公正解决双方纠纷的利益诉求。尽管仲裁双方当事人都希望仲裁庭能偏向己方诉求，但是仲裁的公正性才是当事人选择仲裁的首要理由。仲裁庭与仲裁当事人的利益诉求不同，符合合同要求的存在两个利益不同的订约主体。[②] 从权利义务来看，所有仲裁员的核心权利都是获得仲裁报酬，核心义务都是提供公正的仲裁服务。而仲裁双方当事人的核心权利都是获得公正的仲裁服务，核心义务都是支付仲裁报酬。仲裁庭与仲裁当事人的权利义务相对应，存在对广义仲裁员合同主要条款达成合意的基础。从要约与承诺来看，仲裁双方当事人指定仲裁员并要求其组成仲裁庭可以看作是广义仲裁员合同的要约，仲裁员接受任命并组成仲裁庭可以看作是广义仲裁员合同的承诺。在仲裁机构代为指定仲裁员的情况下，仲裁机构基于《仲裁法》规定取得法定授权，成为仲裁双方的代理人，仲裁双方当事人与仲裁员之间形成合同关系。由此可构建起仲裁庭与仲裁当事人之间广义的仲裁员合同，为各个仲裁员向双方当事人主张合同报酬提供依据。

综上所述，建立在仲裁性质契约论基础上的仲裁员存在民事责任。仲裁员

---

① 代理理论认为仲裁双方当事人互为表见代理，为对方与自己指定的仲裁员之间构建合同关系。参见范铭超：《仲裁员与仲裁当事人法律关系模型的困境及其解决》，载《北方法学》2014年第6期。

② 参见王利明：《合同法》，中国人民大学出版社2002年版，第42页。

与仲裁当事人属于平等法律地位，存在仲裁员合同。不仅如此，仲裁员组成的仲裁庭与双方仲裁当事人之间的合同关系，可以通过广义的仲裁员合同加以明确，以保障仲裁员与双方仲裁当事人各自的权利。

（三）仲裁员民事责任的类型化归纳

仲裁员既有可能违反法定义务承担侵权责任，又有可能违反约定义务承担违约责任，在民事诉讼中产生侵权责任和违约责任的竞合。法定义务需要法律明确规定，如《仲裁法》规定了公平仲裁、独立仲裁的法定义务，还规定了仲裁员的回避义务。又如保密性是仲裁的传统和优势，保密义务是默示的法律义务。[①] 尽管我国《仲裁法》没有规定仲裁员的保密义务，但是依据《民法典》第 509 条的规定，根据交易习惯合同当事人有保密义务。

仲裁员的约定义务，主要依据仲裁员合同确定。通过仲裁协议和仲裁规则补充的仲裁员义务，实质上是仲裁员与仲裁当事人双方合意。一般来说，仲裁员的约定义务包括专业注意义务、不拖延仲裁义务、无故不退出仲裁义务、披露义务等。

其一，专业注意义务。临时仲裁员合同是一种特殊的服务合同，带有极强的专业性。专业服务合同有一默示条件，专业人员在提供服务时应给予应有的注意和技术。[②]

其二，不拖延仲裁义务。当事人选择仲裁或临时仲裁解决纠纷，很大一部分原因是出于仲裁的高效、省时。即便临时仲裁员合同没有明确限定作出仲裁的时间，仲裁员仍有不拖延或及时作出仲裁裁决的义务，可将之视作一种商业习惯。法国更是直接规定了仲裁员在仲裁协议未约定期限，需要在提交仲裁之日起六个月内作出仲裁裁决。[③] 从合同履行的角度来说，拖延或未能及时仲裁属于《民法典》第 577 条规定的“不履行合同义务”和“履行合同义务不符合约定”，需要为此承担违约责任。

其三，无故不退出仲裁义务。仲裁员签订临时仲裁员合同就应当履行合同履行的义务，无正当理由退出仲裁属于单方违约，需要承担违约责任，对由此产生的损失负责。国外如意大利，就规定无正当理由辞职的仲裁员应负赔偿

---

① 郭玉军、梅秋玲：《仲裁的保密性问题研究》，载《法学评论》2004 年第 2 期。

② ［英］科林 · 史密斯：《责任保险》，陈彩芬译，中国金融出版社 1991 年版，第 248 页。

③ French Civil Procedure Code, Article 1463.

责任。[①]

其四，披露义务。《2021年国际仲裁调查报告》评选出全球最受欢迎的十大仲裁机构，[②] 这些仲裁机构的仲裁规则都直接或间接规定了仲裁员的披露义务。[③] 若仲裁员合同或是仲裁协议中约定的仲裁规则规定了披露义务，将成为仲裁员的约定义务，对仲裁员进行约束。

二、“有限责任论”下仲裁员民事责任限缩论

仲裁员民事责任的第二层逻辑就是仲裁员民事责任应适当限缩。仲裁员民事责任豁免是对仲裁员民事责任的二次调整。各国立法和司法实践普遍承认仲裁员存在民事责任，争论的焦点在于仲裁员民事责任享受何种程度的豁免。[④] 关于仲裁员民事责任的豁免问题，理论上主要有仲裁员民事责任完全责任论、有限责任豁免论和完全豁免论。[⑤]

（一）仲裁员民事责任豁免理论之分歧

完全责任论受仲裁契约论和仲裁员与仲裁当事人“契约关系说”的影响，认为仲裁员基于仲裁员合同需要承担民事责任，不享有民事责任豁免权。[⑥] 完全责任论下，仲裁员面临巨大的民事赔偿责任风险；基于仲裁性质司法权论以及仲裁员“准司法”地位，完全豁免论认为仲裁员的仲裁行为享有绝对豁免权，[⑦] 无须为仲裁中的任何作为或不作为承担民事责任。

有限责任豁免论是仲裁员民事责任豁免理论的中间模式。它在承认仲裁契约性与仲裁员合同存在基础上，明确仲裁员需要承担一定的民事责任，同时又承认仲裁司法性与仲裁员“准司法”地位，认为仲裁员应当享受一定的类似于

---

① Italian Civil Procedure Code, Art. 813-ter.

② Queen Mary University of London (SIA) & White & Case LLP, 2021 International Arbitration Survey: Adapting arbitration to a changing world, p. 10.

③ ICC Arbitration Rules 2021, Art. 11; SIAC Rules 2016, Art. 13; HKIAC Administered Arbitration Rules 2018, Art. 11; LCIA Arbitration Rules 2020, Art. 5.5; 中国国际经济贸易仲裁委员会仲裁规则（2015年版），第31条; ICSID Arbitration Rules 2006, Rule 6; SCC Arbitration Rules 2017, Art. 3; ICDR International Dispute Resolution Procedures (including Mediation and Arbitration Rules) 2021, Art. 40; PCA Arbitration Rules 2012, Art. 34 (5); LMAA Terms 2012, Art. 22 (c).

④ 参见范铭超：《仲裁员责任法律制度研究——兼及我国仲裁员责任法律制度的反思与构建》，华东政法大学2012年博士学位论文，第47页。

⑤ 参见黄进等：《仲裁法学》，中国政法大学出版社2008年版，第62-64页

⑥ 参见彭丽明：《仲裁员责任制度比较研究》，法律出版社2017年版，第98页。

⑦ 参见石现明：《东盟国家国际商事仲裁法律制度研究》，云南大学出版社2013年版，第77页。

法官的民事责任豁免。在有限责任豁免论下，仲裁员的民事责任范围需要根据国内法或仲裁规则的具体规定来确定，这种不确定性在国际商事仲裁中尤为明显。[①] 因为仲裁员责任豁免的程度由其所处国际仲裁法与国内法共同组成的法律制度所决定。[②] 有学者在有限责任豁免论的基础上，根据理论基本倾向不同，将之分为“有限豁免论”与“有限责任论”。[③] “有限豁免论”是对完全豁免论的调整，增加特定不能享受豁免的例外情形，除此之外将享受广泛的责任豁免。“有限责任论”则是在完全责任论的基础上，赋予仲裁员特定的责任豁免权，这一权利往往与仲裁员行使“准司法权”有关。

（二）我国仲裁员民事责任豁免制度的应然选择

我国立法上尚未明确仲裁员的民事责任范围，相应的民事责任豁免制度也仅存在于理论探讨之中。然而在实践中，我国已经出现了仲裁当事人起诉仲裁员的民事诉讼案例，[④] 表明我国对仲裁员民事责任制度具有现实需求，且这种需求会随着我国仲裁业的发展和国际仲裁中心的建设逐渐增强。国内一项针对《仲裁法》修订的调查研究显示，我国国内高达 85.29%的仲裁专家支持增设仲裁员职业行为责任豁免的规定。[⑤] 我国有必要建立仲裁员民事责任豁免制度，在仲裁性质“契约论”和仲裁员与仲裁当事人“契约关系说”的基础上，我国应当选择“有限责任论”的模式，即在仲裁员承担民事责任的基础上，设定豁免民事责任的特定情形。

首先，“有限责任论”的模式更符合仲裁的契约性本质。（1）以仲裁员承担普遍的民事责任为基础，是仲裁的契约性和仲裁员与仲裁当事人契约关系的共同要求。仲裁的契约性和民间性表明仲裁员是一般民事主体，提供仲裁服务以换取相应的仲裁报酬，自然需要相应的责任对权利加以规制。（2）仲裁是一种商事行为，应该放在市场化的环境中，由市场自由调整，仲裁员对自己的行为承担普遍的民事责任，法律只需要对少数情形进行免责。（3）在我国，与仲裁员类似的专业服务提供者大多需要承担广泛的责任，如律师、会计师、医生、

---

① 国际商事仲裁中，仲裁当事人享有合意选择仲裁规则和准据法的权利，使得仲裁所适用的法律法规产生不确定性，影响仲裁员民事责任准据法的确定。

② Gary B. Born, International Commercial Arbitration, Kluwer Law International, p. 2116 (2021).

③ 参见张圣翠：《仲裁民事责任制度探析》，载《上海财经大学学报》2009 年第 1 期。

④ 参见张圣翠：《仲裁民事责任制度探析》，载《上海财经大学学报》2009 年第 1 期。

⑤ 参见毛晓飞：《法律实证研究视角下的仲裁法修订：共识与差异》，载《国际法研究》2021 年第 6 期。

工程建造师等。仲裁员相较于其他专业人员，只有在仲裁员独立公正裁决时需要责任豁免的介入，除此之外再无扩大其豁免权的理由。因此仲裁员应采取有限责任的模式。

其次，有限责任豁免是保证仲裁员独立性与公正性的必然选择。完全责任和完全豁免都不能充分保证仲裁员的独立性与公正性。完全责任下，仲裁员可能会因担心面临心怀不满的己方当事人起诉，而在仲裁时过多地考虑己方当事人，破坏仲裁员的独立性与公正性；完全豁免下，仲裁员又有可能因为缺少压力和约束，导致仲裁中的轻率行为与滥用自由裁量权，影响仲裁员的公正性。正因如此，有限责任豁免制度的关键是在完全豁免与完全责任之间寻找平衡点，将仲裁员的独立性最大化，从而维护仲裁的公正性。从权利义务相一致的角度来说，赋予仲裁员享受有限责任豁免的权利，是为了使仲裁员更好地履行公正仲裁的义务。因此，基于保证仲裁员独立性与公正性的考虑，设置合理的有限责任豁免制度必不可少。

最后，仲裁员民事责任有限责任豁免是世界上多数国家的发展趋势。（1）在立法层面上，英国在1996年仲裁法中规定仲裁员职业行为导致的民事责任基本豁免，但恶意行为除外；[①] 澳大利亚规定仲裁员就其职业行为导致的民事责任享有广泛的豁免权，前提是善意行为；[②] 葡萄牙规定仲裁员对仲裁行为造成的损害不承担责任，但是法官亦可能承担的责任除外；[③] 意大利规定仲裁员需要承担民事责任的情形是，遗漏或延迟、无正当理由辞职、未在规定期间作出裁决等造成的损失，但前提是仲裁员存在故意或重大过失，这也就免除了仲裁员一般过失与疏忽导致的损失；[④] 西班牙规定接受任命的仲裁员需要真诚地遵守委托，如果没有这样做，则需对因恶意、鲁莽和犯罪行为造成的任何损失负责；[⑤] 奥地利规定接受指定的仲裁员如果不及时履行或不完全履行职责，将对因错误拒绝或迟延履行造成的损失负责。[⑥] 世界上大多数国家都采取了有限责任豁免的方式，规定了仲裁员需要承担民事责任和豁免民事责任的范围。（2）在司法层面上，美国司法上以往赋予仲裁员极其广泛的民事责任豁免，但

---

① Arbitration Act 1996, s 29 (1).

② Australian International Arbitration Act 1974, Art. 28 (1).

③ Nova Lei da Arbitragem Voluntaria, Art. 9 (4).

④ Italian Civil Procedure Code, Art. 813-ter.

⑤ Spanish Arbitration Act, Art. 21 (1).

⑥ Austria Code of Civil Procedure, 594 (4).

在近年来的判例中取消了因仲裁员未能及时裁决、未能作出裁决以及欺诈或类似不当行为导致的民事责任豁免权;[①] 法国在立法上并未明确规定仲裁员的民事责任问题，但是在司法上法国法院根据《法国民事诉讼法典》第 1463 条关于仲裁职责期限的规定，判决仲裁员因未及时作出裁决而承担民事责任，表明法国实际上也采取了有限责任豁免的做法。[②] （3）在仲裁规则层面上，瑞士商会仲裁院 2021 年的仲裁规则规定仲裁员不对仲裁中的作为或不作为负责，除非出于故意或重大过失;[③] 香港国际仲裁中心 2018 年的仲裁规则规定仲裁员不对仲裁中的作为或不作为负责，除非是不诚实的或是疏漏引起的。[④] 尽管在但书的规定中有些许差异，但是大多数仲裁机构的仲裁规则都在仲裁员职业行为基本豁免的前提上，排除对故意不法行为或重大过失的豁免。[⑤]

（三）“有限责任论”调整后的仲裁员民事责任范围

仲裁员民事责任“有限责任论”模式下，仲裁员的民事责任得到适当限缩，具体可以归纳为以下两条原则：（1）仲裁员需要对仲裁中进行非职业行为造成的损失负责，不享受任何形式的豁免；（2）除故意、欺诈和重大过失外，仲裁员对仲裁员履行职业行为造成的损失免于承担民事责任，包括适用法律错误、事实认定错误以及理解上的错误等仲裁员履职行为都可以享受豁免权。也就是说，仲裁员需要对非职业行为承担完全的民事责任，对职业行为承担有限的民事责任。仲裁员免于承担职业行为中的一般过失导致民事责任，能够保证仲裁员在仲裁过程中不因民事责任风险而影响其独立性和公正性。故意、欺诈和重大过失成为仲裁员不能免于承担民事责任的原因，这既符合责任自负原则，又符合公平正义原则。

三、职业责任保险下仲裁员民事赔偿责任风险转嫁论

仲裁员民事责任的第三层逻辑就是通过职业责任保险转嫁仲裁员的民事赔

---

① Gary B. Born, International Commercial Arbitration, Kluwer Law International (2021), p. 2180, p. 2181.

② Louis Degos, Civil Liability of Arbitrators: New Inroads on the Arbitrator's Immunity From Suit — a Worrying or Welcome Development?, Revista Brasileira deArbitragem (2007), Vol. 4: 157, p. 157.

③ SCAI Swiss Rules of International Arbitration 2021, Art. 45 (1).

④ HKIAC Administered Arbitration Rules 2018, Art. 46 (1).

⑤ LCIA Arbitration Rules 2020, Art. 31 (1); SCC Arbitration Rules 2017, Art. 52; Also see Gary B. Born, International Commercial Arbitration, Kluwer Law International (2021), p. 2180, p. 2186.

偿责任风险。在“有限责任论”的基础上，仲裁员需要承担一定限度的民事责任，对自己故意、欺诈和重大过失导致仲裁当事人的损失承担民事赔偿责任。仲裁员暴露在高度的职业责任风险之下，势必会影响仲裁员职业选择与仲裁行业的发展。如何适当减轻仲裁员的民事责任，达到仲裁员权利与责任的平衡，是仲裁制度发展过程中不得不解决的问题。在仲裁员诸多民事责任类型中，只有民事赔偿责任具有经济补偿性，可以通过保险转移民事赔偿责任风险。仲裁员职业责任保险的制度价值正是将部分民事赔偿责任风险转嫁，控制与回调仲裁员的职业责任风险，借此保护仲裁员的积极性、独立性和公平性，以达到制度公平下的权责平衡。

（一）仲裁员的职业责任风险具有可保性

基于保险的一般原理，仲裁员的职业责任风险具有可保性。首先，该风险具有普遍性，符合大数法则。仲裁员的民事赔偿责任风险不专属于单个个体，也不是偶发的唯一性风险。所有仲裁员在履职过程中都有可能因过失导致违反合同义务或法定义务，在造成损害时承担相应的民事赔偿责任。其次，该风险不具有可获利性。仲裁员的民事赔偿责任风险基于损害事实而产生，旨在填补仲裁员造成的损失，是一种纯粹的风险，无获利的可能。再次，仲裁员的民事赔偿责任风险具有偶然性和不确定性，除非故意为之，不然民事赔偿责任无法确定。这种风险发生的时间、地点、损失大小都是事先无法确定的，满足可保风险的偶然性要求。最后，该风险不会大批量同时发生。仲裁员是一项光荣的职业，仲裁员大多具有较高的社会地位和良好的社会声誉。基于职业荣誉感和个人社会评价，仲裁员一般都会严谨履行职责，其民事赔偿责任风险发生概率较低，不会大量同时发生。

（二）仲裁员职业责任保险的承保范围

仲裁员的职业责任风险最为显著的类型是民事赔偿责任风险，该风险是仲裁员履行仲裁职责过程中对仲裁当事人造成损害所导致的。职业责任保险是承保被保险人或其前任作为仲裁员进行职业行为时一切疏忽行为、错误或遗漏过失所导致的民事赔偿责任，① 对分散和转嫁仲裁员的民事赔偿责任风险十分有效。

对于仲裁员职业责任保险所承保的民事赔偿责任需要明确以下四点。第一，

---

① 参见樊启荣：《责任保险与索赔理赔》，人民出版社2002年版，第291页。

必须是仲裁员职业行为导致的民事赔偿责任，仲裁员非基于仲裁员的特殊身份或是仲裁员的职责所造成的损失，不在承保范围内。第二，民事赔偿责任既可以是基于违约责任产生，也可以是基于侵权责任产生。仲裁员的同一行为可能同时违反合同义务和法定义务，产生违约责任和侵权责任的竞合。具体来说，可能表现为侵权行为导致违约，如仲裁员违反公正性和独立性要求对仲裁当事人造成损害，属于“侵权性的违约行为”；也可能表现为违约行为导致侵权，如仲裁员无故退出仲裁对仲裁当事人造成损害，属于“违约性的侵权行为”。[①]第三，导致民事赔偿责任的行为并非仲裁员故意或欺诈行为。在故意和欺诈的情况下，被保险人违反了诚信原则，亦有可能产生道德风险，因而保险人排除由此引起的民事赔偿责任。第四，仲裁员重大过失导致的民事赔偿责任应由仲裁员职业责任保险承保。一方面，在保险实践中职业责任保险将重大过失列为保险责任；[②] 另一方面，出于降低仲裁员的职业风险和促进仲裁行业的发展，也应当将过失与重大过失都纳入承保范围。

除此之外，仲裁员因民事责任纠纷所产生的仲裁、诉讼等附加费用，也在仲裁员职业责任保险的承保范围内。根据《保险法》第66条的规定，仲裁员因给第三者造成损害的保险事故而被提起仲裁或诉讼发生的必要、合理费用，属于仲裁员责任保险的保险范围。一般来说，国际上的仲裁员职业责任保险也将诉讼相关费用作为保险法范围。[③] 此类费用一般不计入责任限额，另行单独计算。[④]

四、结语

仲裁员民事责任不应再模糊处理，将问题边缘化，而应正视仲裁员的民事责任问题，明确仲裁员承担民事责任的类型与范围，通过责任豁免制度和职业责任保险对仲裁员的民事责任进行调控，以此消解对仲裁员施加民事责任所带来的不利影响。只有立足中国本土仲裁实践，构建由仲裁员民事责任存在论、

---

① 参见韩平：《论仲裁员的民事责任》，载《武汉大学学报》（哲学社会科学版）2010年第3期。

② 参见聂勇：《保险合同中“重大过失”免责条款之认定规则研究》，载《中国保险》2017年第12期。

③ Sarah Schæffer, Chapter 14: Approaches to Arbitrators' Liability: Immunity or Liability?, in Axel Calissendorff and Patrik Schöldström eds, Stockholm Arbitration Yearbook 2020, Stockholm Arbitration Yearbook Series, Vol. 2: 249, p. 269 (2020).

④ 参见郑惠卿：《责任保险》，法律出版社1996年版，第221页。

限缩论和风险转嫁论组成的仲裁员民事责任体系，才能够保障仲裁员的独立性与公平性，平衡仲裁员的权利与责任，推动中国式仲裁制度现代化发展。

（责任编委：赵英[①]）

① 中国国际经济贸易仲裁委员会天津分会副秘书长、仲裁员。

《仲裁与法律》征稿启事

《仲裁与法律》是中国内地创办最早的关于仲裁制度研究的专业性法学读物，由中国国际经济贸易仲裁委员会主办。《仲裁与法律》出版近三十年来，始终密切关注中国内地仲裁理论和实践问题，并及时介绍国际仲裁的最新发展。

《仲裁与法律》由出版社每年出版二至四辑，设有“专论争鸣”“理论探索”“实务探析”“热点时评”“域外参考”等栏目。

本刊编辑部欢迎业界人士向本刊投稿，投稿请关注以下事项：

1. 稿件主题请围绕仲裁法学、仲裁法律实践或研究工作，亦包括仲裁案件中经常涉及的民商事法律问题。稿件字数通常为8000—15000字（含脚注），投稿者可自定文章选题。

2. 来稿请参照《法学引注手册》做注，论文稿件一般须有三百字左右的“摘要”及3—5个关键词，并应以脚注形式注明作者姓名、职务、职称、所在单位名称及详细联系方式等。

3. 投稿请将稿件Word版本发送至编辑部电子邮箱：law@cietac.org。

4. 稿件应未在出版物上公开发表过，请严格遵守学术规范，严禁抄袭、剽窃等侵犯知识产权的行为。

5. 凡向本刊投稿的稿件，即视为作者同意授权本刊其作品（包括但不限于电子版）信息网络传播权、无线增值业务权等权利，授权本刊可授予合作单位再使用、授予相关数据库收录之权利，作者前述相关的著作权使用费将由本刊编辑部在本刊稿酬内一次性给付。若作者不同意前述授权的，请在来稿时书面声明，以便本刊做适当处理；作者未书面声明的，视为同意本刊编辑部的前述安排。

6. 本刊所载文章仅代表作者个人观点，不代表本刊编辑部和主办单位的观点。

7. 审稿期一般为3个月，文章出版后，即奉稿酬（普通来稿500元/千字）。

竭诚欢迎各位业界人士向《仲裁与法律》惠赐稿件。

投稿地址：北京市西城区桦皮厂胡同2号国际商会大厦6层

邮政编码：100035

电子信箱：law@cietac.org

图书在版编目（CIP）数据

仲裁与法律．第150辑／中国国际经济贸易仲裁委员会，中国国际商会仲裁研究所编．—北京：中国法制出版社，2024.1

ISBN 978-7-5216-3803-5

Ⅰ.①仲… Ⅱ.①中… ②中… Ⅲ.①仲裁—研究—丛刊 Ⅳ.①D915.704-55

中国国家版本馆CIP数据核字（2023）第147612号

责任编辑：秦智贤　　封面设计：杨泽江

仲裁与法律·第150辑

ZHONGCAI YU FALÜ · DI 150 JI

编者/中国国际经济贸易仲裁委员会　中国国际商会仲裁研究所

经销/新华书店

印刷/三河市国英印务有限公司

开本/710毫米×1000毫米　16开　　印张/6.75　字数/97千

版次/2024年1月第1版　　2024年1月第1次印刷

中国法制出版社出版

书号 ISBN 978-7-5216-3803-5　　定价：50.00元

北京市西城区西便门西里甲16号西便门办公区

邮政编码：100053　　传真：010-63141600

网址：http://www.zgfzs.com　　**编辑部电话：010-63141798**

市场营销部电话：010-63141612　　**印务部电话：010-63141606**

（如有印装质量问题，请与本社印务部联系。）